Köstliche Geheimnisse

AUS DEM GARTEN FÜR INTELLIGENTE FAULE

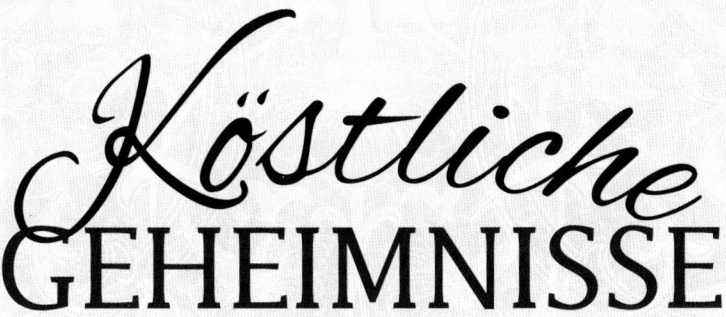

Köstliche Geheimnisse

AUS DEM GARTEN FÜR INTELLIGENTE FAULE

Autorinnen: Ulli Ploberger und Cordula Hanisch
Überarbeitete Neuauflage

DAS ANDERE KOCHBUCH MIT GARTENTIPPS VON BIOGÄRTNER
KARL PLOBERGER UND ZEICHNUNGEN VON JULIA WEIDENWEBER

avBUCH

INHALT

Alle Rezepte für 4 Personen! Die Mengenangaben entsprechen 4 Portionen, ausgenommen es erfolgt ein gesonderter Hinweis.

Einleitung von Karl Ploberger	13
Vorwort der Autorinnen	15
Sprachgebrauch, Abkürzungen	250
Impressum	254

Kräutergeheimnisse

Kräuter von A bis Z

BÄRLAUCH — 17
Bärlauchbutter	17
Bärlauchaufstrich „Märzensonne"	18
Bärlauchsuppe „Der Lenz ist da"	18
Bärlauchpesto	19
Bärlauchspätzle „Frühlingsduft"	19

BASILIKUM — 21
Basilikumaufstrich „Hirtenart"	21
Basilikumbrot „Toskana"	22
Basilikum-Nudel-Salat	22
Pesto „Basilicata"	23
Tomaten-Basilikum-Fächer	23
Grünes Kartoffelpüree	24
Basilikumrisotto „Cordula"	24

DILL — 25
Orientalischer Dillaufstrich	25
Dill-Lachsaufstrich	26
Dillröllchen	26
Gefüllte Lachsstanitzel	27
Dillfisolen „Wiener Art"	27
Dill-Putengeschnetzeltes	28
Zanderfilet in Dillsoße	28

ESTRAGON — 30
Estragonstrudel als Suppeneinlage	30
Estragon-Tomatensuppe	31
Estragonhuhn	31

KERBEL — 32
Kerbelschaumsuppe „Frühlingserwachen"	32
Kerbelnockerln als Suppeneinlage	33
Hühnergeschnetzeltes in Kerbelrahm	33
Kerbeltäschchen	34
Nudeln mit Spargelsoße	34

KNOBLAUCH — 35
Knoblauchbrot	35
Knoblauchsoße „Aioli"	36
Forelle im Knoblauchhemd	36
Italienisches Knoblauchhuhn	38
Chinesische Knoblauchpfanne	38

GARTEN-KRESSE — 39
Frühlingsaufstrich mit Kresse	39
Kartoffel-Kresse-Suppe	40
Kressebutter	40
Kresse-Eiernockerln	41

INHALT

Kresse-Kaspressknödel	41
LIEBSTÖCKEL	**42**
Grüner Aufstrich	42
Kürbis-Liebstöckel-Suppe	43
Spargel mit Liebstöckelbutter	43
Wurstsalat mit Liebstöckel	44
MAJORAN	**45**
Kalbsleberaufstrich	45
Kartoffelsuppe „Herbstsegen"	46
Majorankartoffeln	46
Majorannudeln „Urli"	47
Majoran-Zwiebel-Butter	47
Geröstete Majoran-Leber	48
Schweinelendchen in Apfel-Majoran-Soße	48
MELISSE	**49**
Fischsuppe „Werner"	49
Melissensaft	50
Zitronenmelissen-Torte	50
PFEFFERMINZE	**51**
Minzesoße „Sissinghurst"	51
Kärntner Kasnudeln	52
Ananas-Minze-Salat	54
Pfirsich-Minz-Kompott	54
OREGANO	**55**
Melanzaniauflauf	55
Kalbsschnitzel in der Käsekruste	56
Oreganostangerln	56
Pizza „Sophie"	57
Eingelegter Schafskäse	57

PETERSILIE	**58**
Petersilienschaumsuppe	58
Salsa Verde	59
Putenragout „Georg"	59
Pilzg'röstl	60
Scharfe Nudeln mit Petersilie	60
Tomaten mit Häubchen	61
ROSMARIN	**62**
Rosmarin-Focaccia	62
Rosmarinkartoffeln	63
Rosmarinweckerln	63
Rosmarinhuhn „Karli"	64
Italienischer Schweinerollbraten	64
RUCOLA	**65**
Rucolasalat mit Parmesan	65
Rucolasalat „Peloponese"	66
Nudeln mit Rucolasoße	66
Pariser Schnitzel mit Rucolasoße	67
SALBEI	**68**
Salbei-Käseaufstrich	68
Gebackene Salbeimäuschen	69
Salbeipolenta	69
Salbeikartoffeln	70
Nudeln mit Salbei-Gorgonzola-Soße	70
Saltimbocca	71
Salbeilaibchen	71
SCHNITTLAUCH	**72**
Schnittlauchaufstrich	72
Eieraufstrich „Frühlingsbote"	73
Schnittlauchsoße (kalt)	73
Schnittlauchsoße (warm)	74

INHALT

Mit Schnittlauch gefüllte Palatschinken	74

THYMIAN 75
Griechisches Grillkotelett	75
Kartoffel-Thymian-Rösti	76
Rindfleischtoast „Arthur"	76
Thymiankekse	77

KRÄUTER GEMISCHT 78
Aufstriche, Suppen & pikante Kräuterhäppchen	
Kräuterbutter	78
Kräuter-Schinkenaufstrich	78
Kräuter-Topfenkäse „Karoline"	80
Kräuterpralinen	80
Kräuterterrine	81
Kräuterschaumsüppchen	81
Kräuterfrittaten	82
Gefüllte Windbällchen	82
Gefüllte Tomaten	83
Kräuter-Käse-Gebäck	83
Kräuterravioli	84
Kräutertäschchen	84
Kräuter-Lachs-Quiche	85
Kräuterquiche „Ulli"	85
Kräuterweckerln	86

SOSSEN, NUDELN, GRATIN & RISOTTO 86
Kalte Kräutersoße	86
Warme Kräutersoße	87
Einfache Kräutersoße	87
Grüne Soße „Weimarer Art"	88
Kräutermarinade	88
Nudeln mit Kräuter-Pesto	90
Spaghetti mit Schinken-Kräuter-Soße	90
Kartoffel-Kräuter-Gratin	91
Kräuterkartoffeln aus dem Backrohr	91
Haferflockenlaibchen „Kräutergarten"	92
Kräuteromelette (für 1 Person)	92
Kräuterrisotto	93
Serviettenknödel „Kräutergarten"	93
Kräuter-Zucchini	94
Kräuterspätzle	94

FLEISCH & CO 95
Gefülltes Kräuterhuhn	95
Mariniertes Huhn	95
Kräuterschnitzel „Tante Greti"	96
Schweinefilet im Kräutermantel	96
Kräuter-Kaspressknödel	97
Kräuter-Schinkenkipferln „Karin"	97

WILDKRÄUTERREZEPTE 98
Gundelrebenweckerl	98
Wiesensalat	98
Brenn- und Taubnesselsuppe	99
Ragout mit Wiesenkerbel	99
Frische Kartoffeln mit Wildkräuter-Soße	100
Gierschlimonade	100
Wildkräuterschnecke	101
Wildkräutersmoothie	101

Herzhafte Geheimnisse

BROKKOLI 103
Brokkolisuppe	103
Brokkoli-Schöberl	104

INHALT

Brokkoli im Backteig	104
Nudeln mit Brokkolisoße	105
Asiatische Brokkolipfanne	105

ERBSEN — 106
Erbsensuppe mit Räucherlachs	106
Nudeln mit Erbsen und Schinken	107
Truthahnbrust mit Obers und Erbsen	107

FENCHEL — 108
Fenchelsuppe „Windstill"	108
Fenchel in Obers	108

FISOLEN (GRÜNE GARTENBOHNEN) — 110
Fisolensuppe	110
Bunter Fisolensalat	110
Fisolengulasch	111

GURKEN — 112
Erfrischende Gurkensuppe	112
Gurken-Schinken-Aufstrich	112
Lachs in Gurkensoße	113

KARFIOL (BLUMENKOHL) — 114
Feine Karfiolsuppe	114
Karfiol mit Bröselhaube	114
Karfiol mit Schnittlauchhaube	116
Karfiol im Käsehemd	116

KAROTTEN (MÖHREN) — 117
Karottensuppe „Karoline"	117
Karottenaufstrich „Langohr"	117
Karotten-Sellerie-Aufstrich	118
Karotten-Apfel-Salat	118

KARTOFFELN — 119
Feinschmecker-Kartoffelsuppe	119
Kartoffel-Knoblauch-Aufstrich	120
Warmer Kartoffelkäse	120
Herzhafter Kartoffelkäse	121
Überraschungskartoffeln	121
Kartoffelpüree mit Röstzwiebel	122
Kartoffelsalat mit Lachs	123
Sämiger Kartoffelsalat	123
Kartoffelgratin mit Curry	124
Kartoffelpuffer im Herbstkleid	124

KNOBLAUCH — 125
Knoblauchsuppe „Atemfrisch"	125
Knoblauch-Gurken-Soße	126

KOHLRABI — 127
Kohlrabisuppe „Frühlingserwachen"	127
Kohlrabi in Kräuterhülle	128

KRAUT (KOHL) — 129
Krautsuppe	129
Kalter Krautsalat	130
Ananas-Krautsalat	130
Warmer Krautsalat	131
Krautfeckerln	131
Krautschnecken „Werner"	132
Krauteintopf	132

KÜRBIS — 133
Kürbiscremesuppe mit Sherry	133
Kürbisaufstrich	134
Kürbis-Vogerlsalat	134
Kürbisnockerln mit Salbeibutter	135
Kürbissoße für Nudeln	135

INHALT

Kürbisrisotto	136
Kürbis-Ratatouille	137
Kürbis-Zwiebel-Puffer	137

LAUCH . 138
Lauchsuppe	138
Lauch-Nudel-Salat	139
Auflauf im Lauchbeet	139
Lauchstrudel „Ulli"	140
Lauch-Quiche	140
Pikante Lauchrollen	141
Rindsroulade mit Lauchfüllung	141

MELANZANI (AUBERGINEN) 142
Melanzaniaufstrich mediterran	142
Überbackene Melanzanischeiben „Rudolfo"	143
Melanzani „Cordon bleu"	143
Melanzani-Moussaka	144
Gefüllte Melanzani	145

PAPRIKA 146
Paprika-Aufstrich mit Salami	146
Marinierte Paprika	147
Paprika-Schafskäse-Taschen	147
Letscho	148
Gefüllte Paprika	148
Paprikaschnitzel	149

SELLERIE 150
Selleriesuppe „Gartenlust"	150
Sellerieaufstrich	151
Pikanter Selleriesalat	151
Sellerie-Gorgonzola-Toast	152
Sellerieschnitzel	152

SPARGEL 153
Sparsame Spargelcremesuppe	153
Eferdinger Spargelsuppe	154
Spargelaufstrich	154
Grüner Spargelsalat	155
Spargelblätterteigrolle	155
Schnelle Hühner-Spargel-Pfanne	156
Spargelrisotto	156
Nudeln mit Spargelsoße	157

SPINAT 158
Spinatsalat mit Joghurt	158
Spinat-Toast	159
Spinatnockerln „Arthur"	159
Spinatknödel mit Gorgonzola	160
Spinatfladen	160
Spinattorte mit Schafskäse	161
Hühnerschnitzel gefüllt mit Blattspinat	161

TOMATEN 162
Tomatensuppe	162
Tomaten-Ei-Aufstrich	163
Tomaten mit Fischfüllung	163
Bruschetta	164
Tomaten-Linsen-Suppe Sara	164
Gebratene Tomaten mit Schafskäse	165
Tomatensugo „Cordula"	165
Tomatensugo „Karli"	166
Rinderschnitzel in Tomatensoße	166
Huhn in Tomatensoße	167
Kalbsschnitzel mit Mozzarellahaube	167

ZUCCHINI 168
Zucchinisuppe	168
Zucchiniaufstrich	169

INHALT

Gebratene Zucchinischeiben	169
Zucchinisalat	170
Zucchini-Tortilla	170
Zucchinischnitzel	171
Zucchinifladen	171
Zucchini mit Thunfischfüllung	172
Zucchinisugo	172
Zucchiniauflauf mit Schinken	173
Risotto mit Zucchini	174
Zucchini-Schafskäse-Strudel	174

ZWIEBEL 175
Französische Zwiebelsuppe	175
Gerösteter Zwiebel-Leber-Aufstrich	176
Zwiebelkuchen	176
Zwiebelschnitten	177
Italienischer Zwiebelsalat	177
Zwiebelrostbraten „Anna"	178
Zwiebelfleisch	178

GEMÜSEVARIATIONEN 179
Gemüsesuppe	179
Gemüse-Hühnersuppe	180
Gemüse-Rohkost-Aufstrich	180
Vegetarischer Toast	181
Sommereintopf	181
Gemüsetorte	182
Frühlingsrisotto	182
Gemüsestrudel	183
Gemüselaibchen	183

SALATE 184
Blattsalat mit Hühnerbruststreifen „Georg"	184
Bunter Sommersalat	185
Pikanter französischer Salat	185
Griechischer Salat	186
Salat „Waldvilla"	187

SOSSEN 188
Warme Kräutersoße	188
Tomatensoße	189
Kalte Kräutersoße	189
Knoblauchsoße	189

Süße Geheimnisse

Faulenzerkuchen „dunkel"	191
Faulenzerkuchen „hell"	191

Kern- und Steinobst

ÄPFEL 192
Apfeltorte mit Schneehaube	192
Apfelkuchen mit Sonnenblumenkernen	193
Apfel-Schlummertorte	193
Erfrischender Apfelkuchen	194
Apfel-Topfentorte	194
Apfelschnecken	195
Übergossene Apfeltorte	196
Adventäpfel	196
Apfelgeheimnis	197
Apfelgelee	197

BIRNEN 200
Birnentorte „Gute Luise"	198
Birnenradeln	198
Birnen in Rotwein	199

KIRSCHEN 200
Kirschenstreuselkuchen	200
Kirschkuchen „Werner"	201

INHALT

Süsser Kirschenreis	201

MARILLEN (APRIKOSEN) — 202
Schwarze Wachauer Schnitten	202
Mariandlstrudel	202
„Karolines" Marillenknödel	203
Marillenröster	203
Marillen-Topfentorte	204

PFIRSICHE — 205
Pfirsich-Sommertraum	205
Pfirsich-Sherry-Trifle	206

ZWETSCHKEN — 207
Schneller Zwetschkenkuchen	207
Zwetschken-Topfenkuchen	207
Zwetschken-Streuselkuchen	208
Faulenzernockerl mit Zwetschkenröster	208
Zwetschkenterrine „Herbstsegen"	209
Zwetschkenobstkuchen	209

Beeren

BROMBEEREN — 210
Brombeeren im Walnussbeet	210

ERDBEEREN — 211
„Karlis" Schlemmertorte	211
Gebackene Erdbeertorte	213
Erdbeer-Stanitzerl	213
Erdbeercharlotte	214
Brandteigkrapferl mit Erdbeeren	215
Erdbeer-Tiramisu	215
Erdbeer-Schlemmerroulade	216
Erdbeer-Mascarpone-Nockerl	216
Erdbeerparfait	217
Marinierte Erdbeeren	217
Erdbeerkardinalschnitte	218
Erdbeerlikör	218

HEIDELBEEREN — 219
Heidelbeerkuchen	219
Heidelbeer-Muffins	219
Heidelbeerfleck	220
Heidelbeercreme	220

HIMBEEREN — 221
Himbeer-Nusstorte	221
Himbeerbrandteigtorte	222
Maulwurfskuchen mit Himbeeren	223
Himbeer-Topfentorte	224
Himbeertraum	226

HOLUNDER — 226
Holunderröster	226

RIBISELN (JOHANNISBEEREN) — 227
Eferdinger Ribiselkuchen	227
Seewalchner Ribiselkuchen	227

STACHELBEEREN — 228
Stachelbeerkuchen	228
Stachelbeercrumble	228

WEINTRAUBEN — 229
Weintrauben-Gervaistorte	229
Weintraubenstrudel	229

INHALT

Traubencreme	230
Beerenvariationen	
Beerenpalatschinken	230
Savarin mit Beeren	231
Joghurtnockerl „Ulli"	232
Panna Cotta mit Beerenvariation	232
Rote Grütze	233
Blüten und Kräuter	
HOLUNDER	**234**
Gebackene Holunderblüten	234
Holunderblütenterrine	234
Holunderblütensirup	235
Holunderblütenlikör	235
LAVENDEL	**236**
Plobergerschnitten mit Lavendelzucker	236
Lavendelzucker	236
RINGELBLUMEN	**237**
Ringelblumenscones	237
ROSEN	**237**
Rosenlimonade	237
Rosen-Pfirsichbowle	238
Rosenblätter aus Schokolade	238
VEILCHEN	**239**
Kandierte Veilchen	239
ZITRONENTHYMIAN	**239**
Zitronenthymiancreme	239
WALDMEISTER	**240**
Waldmeisterbowle	240
Gemüse	
ERDÄPFEL (KARTOFFELN)	**241**
Erdäpfelameisenkuchen	241
Erdäpfelmohnkuchen	242
Süsse Kipfler	243
KAROTTEN	**243**
Karottentorte	243
KÜRBIS	**244**
Kürbismuffins	244
RHABARBER	**245**
Rhabarberschnitten	245
Rhabarber-Topfentorte „Cordula"	246
Rhabarberkuchen	247
Rhabarber-Himbeer-Sorbet	248
Rhabarber-Erdbeer-Kompott	248
SPINAT	**249**
Spinat-Cognactorte	249
ZUCCHINI	**249**
Zucchini-Schnitten „Georg"	249

Foto: Stefan Körber/www.fotolia.com

EINLEITUNG

Der Garten und das Kochen sind zwei Bereiche, die ganz eng zusammengehören. Was wäre der schönste Garten ohne Kräuter, Gemüse und Obst? Und was wäre, wenn niemand die frischen Vitamine, das knackige Gemüse und die süßen Früchte verarbeiten würde? Mit der Erntezeit beginnt für Genießer die schönste Zeit im Garten und in der Küche. Der Garten grünt üppig und die reifen Früchte duften um die Wette. Und auch wenn einiges an Gartenarbeit zu bewältigen war, zeigt sich spätestens jetzt, dass sich der Einsatz gelohnt hat!

GENIESSEN MIT KRÄUTERN

Kräuter sind die Würze so mancher Mahlzeit, sie sind aber auch die Würze jedes Gartens. Sind es die schlichten Blüten, die zarten Blätter oder ist es ihr unbeschreiblicher Duft, die uns dazu verführen, Kräuter in den Garten zu holen? Wohl ein wenig von allem ist der Grund.
Deshalb gehören Kräuter seit einigen Jahren zu den beliebtesten Pflanzen im grünen Reich. Eines haben fast alle Kräuter gemeinsam: Sie sind besonders genügsam und werden umso würziger, je karger ihr Dasein ist. So lassen sich auch alle in diesem Buch verwendeten Kräuter ganz leicht kultivieren.

WILDE VITAMINE AUS DEM GARTEN

Man kennt das Leid: Giersch, der „berühmte" Erdholler, oder die Gundelrebe, die endlosen Ranken im Rasen, die Brennnessel oder die Vogelmiere – auch Hühnerdarm genannt. Das sind die „Un"-, ach nein, Beikräuter, die uns im Garten immer beschäftigen. Hat man ein Beet „geputzt", tauchen sie an anderer Stelle schon wieder auf. Daher sollte man sie ganz bewusst im Garten wachsen lassen. Brennnessel und Vogelmiere sind erstens Zeigerpflanzen für einen besonders guten Gartenboden und alle zusammen sind sie Vitaminlieferanten. Vor allem im zeitigen Frühjahr, wenn die Gemüsebeete noch leer sind, kann man mit diesen Wildkräutern die Vitaminspeicher auffüllen.

EINLEITUNG

GESUNDES SCHLEMMEN MIT GEMÜSE

Wer heute Gemüse im Garten zieht, muss eigentlich verrückt sein. In jedem Geschäft gibt es frische Vitamine in Hülle und Fülle, und das natürlich auch aus biologischem Anbau. Trotzdem gehört es zum Wohlfühlen im Garten dazu, eigenes Gemüse zu ziehen. Es ist einfach der bessere Geschmack, der dieses selbst gezogene Gemüse auszeichnet. Dazu kommt Freude und Stolz über die selbst gepflückten Früchte: Die erste Ernte wird gefeiert wie ein Festtag.

Viele Gemüsearten lassen sich auch problemlos auf der Terrasse kultivieren, kommen doch manche von ihnen aus dem sonnigen Süden. Tomaten im Kübel gezogen bringen oft bessere Ernten als im Garten. Basilikum gedeiht im Topf besser als im Beet. Und Stangenbohnen auf einem Rankgitter am Balkon bieten Sichtschutz und kulinarische Freuden zugleich. Herz, was willst du mehr?

DIE SÜSSESTEN FRÜCHTE KOMMEN AUS DEM EIGENEN GARTEN

Auch für das süße Dessert ist im „Garten des intelligenten Faulen" vorgesorgt. Äpfel, Birnen, Zwetschken, Marillen, Pfirsiche und Nektarinen sollten nicht fehlen, wenn genügend Platz vorhanden ist. Bedenken Sie immer: Aus neu gepflanzten Gehölzen werden in zehn Jahren gewaltige Bäume. Äpfel, Birnen und Zwetschken kommen deshalb auf eine freie Wiese. Marillen, Nektarinen und Pfirsiche dagegen, vor Regen geschützt, an die Hauswand.

Ein Beerengarten ist ein Paradies für Naschkatzen und steckt voll gesunder Leckereien. Erdbeeren, Himbeeren, Brombeeren, Stachelbeeren, Johannisbeeren und auch Heidelbeeren sind relativ einfach und ohne großen Aufwand zu pflegen.

Mit den „Köstlichen Geheimnissen aus dem Garten für intelligente Faule" soll das Kochen und Backen möglichst einfach vor sich gehen. Es ist ein Buch aus der Praxis; meine Frau Ulli und ihre Freundin Cordula – zwei begeisterte Köchinnen – haben aus ihrem großen Erfahrungsschatz die besten Rezepte ausgewählt. Und so bleibt mir nur, Ihnen beim Lesen dieses Buches viel Vergnügen und für das Gelingen der Köstlichkeiten alles Gute zu wünschen!

KARL PLOBERGER
BIOGÄRTNER

VORWORT

Wer kennt sie nicht, die Erntezeit im Garten? Da Unmengen von Kirschen, dort Berge von Äpfeln oder einmal Spinat in Hülle und Fülle und dann wieder Johannisbeeren, dass sich die Büsche biegen!

Was tun? – ist eine Frage, die sich Gartenbesitzer zur Erntezeit häufig stellen. Auch in unseren Gärten war das nicht anders. Über viele Jahre hinweg haben wir beide aber ein Rezept, oder besser, zahlreiche Rezepte dafür gefunden und diese begeisterten unsere Freunde und Verwandte so sehr, dass wir beschlossen, ein Gartenkochbuch zu schreiben. Aus einem wurden mittlerweile drei und nun liegen die süßen, herzhaften und aus Kräutern zubereiteten Erfolgsrezepte in einem praktischen Sammelband vor.

Jedes Rezept wurde von uns erprobt. Die Lieblingsrezepte unserer Familienmitglieder haben wir mit deren Vornamen versehen.

Allen Köchinnen und Köchen wünschen wir gutes Gelingen und so viel Spaß beim Kochen, wie wir beide daran haben.

MAG. ULLI PLOBERGER
ulrike.ploberger@biogaertner.at

MAG. CORDULA HANISCH MAS
info@consenso.at

BÄRLAUCH

(Allium ursinum)

Als erste frische Würze startet dieser Aubewohner eine neue Kräutersaion. In einem etwas feuchten Boden wuchert das Zwiebelgewächs auch in jedem Garten. Vorsicht! Seine Blätter sind leicht mit den hochgiftigen Blättern von Maiglöckchen und Herbstzeitlosen zu verwechseln.

Die Blätter können als erste frische Würze im Frühjahr für Bärlauchaufstrich, Bärlauchsuppe und vieles mehr verwendet werden.

BÄRLAUCHBUTTER

ZUTATEN

125 g Butter,
1 Handvoll Bärlauchblätter,
Salz

ZUBEREITUNG

Die Butter schaumig rühren. Die gewaschenen und klein geschnittenen Bärlauchblätter unterrühren und mit Salz abschmecken. Köstlich auch für Bärlauchbaguette: Ein Baguette in Abständen schräg einschneiden und die Bärlauchbutter in diese Einschnitte streichen. Eventuell in Folie wickeln und im Backrohr 8 bis 10 Minuten backen.

BÄRLAUCH

BÄRLAUCHAUFSTRICH „MÄRZENSONNE"

ZUTATEN

250 g Topfen (Quark),
1 EL Sauerrahm
(saure Sahne),
3 Handvoll
Bärlauchblätter,
1 Knoblauchzehe,
1 TL Zitronensaft,
Salz, Pfeffer

ZUBEREITUNG

Topfen mit Sauerrahm cremig rühren. Mit der zerdrückten Knoblauchzehe, dem Zitronensaft, Salz und Pfeffer abschmecken. Die Bärlauchblätter waschen, klein schneiden und in den Topfen einrühren.

Mit Vollkornbrot und frischen Radieschen servieren!

BÄRLAUCHSUPPE „DER LENZ IST DA"

ZUTATEN

250 g Erdäpfel,
2 fein gehackte Zwiebeln,
20 g Butter,
1 l Gemüsebrühe,
100 g Bärlauchblätter,
100 g Obers (Sahne),
Salz, Pfeffer

ZUBEREITUNG

Die Zwiebeln in Butter anrösten und die kleinwürfelig geschnittenen Kartoffeln sowie die gewaschenen Bärlauchblätter dazugeben. Mit Gemüsebrühe aufgießen und ca. 10 Minuten köcheln lassen. Die Suppe pürieren und das Obers einrühren. Mit Salz und Pfeffer abschmecken.

BÄRLAUCHPESTO

ZUTATEN

80 g Bärlauch,
60 g Pinienkerne,
40 g Parmesan,
80 ml Öl nach Wahl,
1 Knoblauchzehe,
Salz und Pfeffer

ZUBEREITUNG

Bärlauch waschen und trockenschleudern, mit dem Öl und der Knoblauchzehe pürieren, die Pinienkerne (eventuell angeröstet) mitpürieren mit geriebenem Parmesan verrühren. Mit Salz und Pfeffer abschmecken.

BÄRLAUCHSPÄTZLE „FRÜHLINGSDUFT"

ZUTATEN

280 g glattes Mehl
(D: Type 405),
30 g Grieß,
100 g Bärlauchblätter,
200 ml Milch, 3 Eier,
100 g würziger Käse,
etwas Salz

ZUBEREITUNG

Mehl, Grieß und Salz in einer Schüssel vermischen. Die Bärlauchblätter waschen, blanchieren und grob schneiden. Milch, Eier und Bärlauchblätter vermischen, pürieren und mit der Mehlmischung zu einem glatten Teig verrühren. Den Teig rasten lassen. Durch den Spätzlehobel in das kochende Salzwasser hobeln und so lange kochen lassen, bis die Spätzle an der Oberfläche schwimmen.
Die Spätzle abseihen und in eine gebutterte Auflaufform geben. Anschließend mit geriebenem Käse bestreuen und im Backrohr kurz überbacken.

Eventuell vor dem Servieren mit knusprig gebratenen Speckwürfelchen bestreuen.

BASILIKUM
(Ocimum basilicum)

Als wahrscheinlich beliebtestes Kräutlein der letzten Jahre hat es einen Fixplatz auf der Fensterbank. Und dort gehört es auch hin, denn es ist ein echter Italiener und liebt Sonne und Wärme. Wenn Sie Basilikum aus Samen ziehen: Bedecken Sie niemals das Saatgut mit Erde, Basilikum ist ein Lichtkeimer!

Frisch passt es in den Salat (Tomaten/Mozzarella!) oder kann als Pesto (mit Pinienkernen und Öl gemischt) aufbewahrt werden.

ZUTATEN

200 g Schafskäse,
3 EL Sauerrahm
(saure Sahne),
2 EL kaltgepresstes
Olivenöl, 150 g rote
Paprikaschoten, 1 großer
Bund Basilikum,
2 Knoblauchzehen, Salz,
Pfeffer

BASILKUMAUFSTRICH „HIRTENART"

ZUBEREITUNG

Den Schafskäse reiben und mit dem Sauerrahm und dem Olivenöl cremig rühren. Die Paprikaschoten kleinwürfelig schneiden und die zerdrückten Knoblauchzehen sowie das frisch gehackte Basilikum einrühren. Mit Salz und Pfeffer abschmecken.

BASILIKUM

BASILIKUMBROT „TOSKANA"

ZUTATEN

500 g glattes Mehl
(D: Type 405),
1 TL Salz, 1 Pkg.
Trockengerm (Hefe),
250 ml lauwarmes
Wasser, 10 g Basilikum,
2 EL Olivenöl
Backtemperatur: 200 Grad
Backzeit: ca. 25 Minuten

ZUBEREITUNG

Mehl mit Salz und Trockengerm in einer Schüssel vermischen. Das Wasser langsam zugießen. Den Teig so lange kneten, bis er sich von der Schüssel löst. Mit einem Tuch zudecken und an einem warmen Ort aufgehen lassen, bis er sich verdoppelt hat. Backblech mit Backpapier belegen. Basilikumblätter abzupfen und mit dem Olivenöl pürieren. Dieses Püree in den Teig einarbeiten. Aus dem Teig zwei Laibe formen und nochmals 15 Minuten gehen lassen. Im Backrohr hellbraun backen.

BASILIKUM-NUDEL-SALAT

ZUTATEN

1 großer Bund Basilikum,
250 g Nudeln (Spiralen oder Penne),
250 g Cocktailtomaten,
150 g Mini-Mozzarella,
2 Knoblauchzehen,
3 EL Olivenöl,
4 EL Balsamicoessig,
Salz, Pfeffer

ZUBEREITUNG

Die Nudeln im Salzwasser bissfest kochen und abseihen. Das Basilikum fein hacken und mit dem Olivenöl, dem zerdrückten Knoblauch, Essig, Salz und Pfeffer zu einer Marinade rühren. Die Cocktailtomaten waschen und halbieren. Mini-Mozzarella vierteln. Nun Nudeln, Cocktailtomaten und Mini-Mozzarella mit der Marinade verrühren und eventuell mit frischen Basilikumblättern garnieren.

PESTO „BASILICATA"

ZUTATEN

50 g Basilikum,
1 Knoblauchzehe,
30 g geröstete Pinienkerne,
50 g Petersilie,
1/2 TL Salz,
6 EL Olivenöl,
2 EL geriebener Parmesan

ZUBEREITUNG

Basilikum grob schneiden, mit Knoblauchzehen, dem Salz und dem Olivenöl pürieren, Pinienkerne kurz mitpürieren und Parmesan einrühren. Mit Salz und Pfeffer abschmecken.

Für Nudeln aller Art oder als Füllung für den Tomaten-Basilikum-Fächer.

TOMATEN-BASILIKUM-FÄCHER

ZUTATEN

8 Tomaten,
250 g Mozzarella,
2 EL Pesto,
Basilikumblätter,
Salz, Pfeffer,
Balsamicoessig

ZUBEREITUNG

Mozzarella in Scheiben schneiden. Die Tomaten fächerartig einschneiden. Das Pesto (siehe oben) in die Fächer streichen und die Mozzarellascheiben hineinstecken. Mit Salz, Pfeffer und Balsamicoessig abschmecken und mit gehackten Basilikumblättern bestreuen.

Statt mit Essig mit Olivenöl übergießen und im Backrohr überbacken.

BASILIKUM

Schmeckt herrlich zu Fischspeisen!

GRÜNES KARTOFFELPÜREE

ZUTATEN

1 kg speckige (fest kochende) Kartoffeln,
1 großer Bund Basilikum,
500 ml Milch,
2 EL Olivenöl, Salz, Pfeffer

ZUBEREITUNG

Die Kartoffeln schälen und in Salzwasser weich kochen. Basilikumblättchen abzupfen und fein hacken. Milch und Olivenöl in einem Topf langsam erwärmen. Die gekochten Kartoffeln durch die Kartoffelpresse drücken, mit der lauwarmen Milch zu einem Brei rühren und das Basilikum unterrühren. Mit Salz und Pfeffer abschmecken.

BASILIKUMRISOTTO „CORDULA"

ZUTATEN

300 g Risottoreis,
1 EL Öl, 2 Zwiebeln,
3 EL Weißwein,
1 Liter Gemüsebrühe,
Basilikumpaste: 1 EL Öl,
2 Knoblauchzehen,
1 Bund Basilikum,
1 EL Pignoli,
3 EL geriebener Parmesan

ZUBEREITUNG

Die klein geschnittenen Zwiebeln in Öl anschwitzen. Den Reis dazugeben und mitrösten, bis er glasig ist. Den Reis mit Wein ablöschen und mit ca. 1/4 der Gemüsebrühe aufgießen. Unter ständigem Rühren auf kleiner Flamme köcheln lassen. Sobald die Flüssigkeit verdampft ist, wieder mit 1/4 der Gemüsebrühe aufgießen und den Reis unter ständigem Rühren weiterköcheln lassen. Diesen Vorgang mit der restlichen Suppe fortsetzen. In der Zwischenzeit das Basilikum fein schneiden, mit den Knoblauchzehen und den Pignoli pürieren, salzen und mit dem Parmesan verrühren. Sobald die gesamte Flüssigkeit vom Reis verdunstet ist, die Basilikummasse einrühren. Mit Salz und Pfeffer abschmecken.

DILL
(Anethum graveolens)

Lässt sich leicht ziehen, wenn der Standort passt. Volle Sonne, aber feuchter Boden sind die Vorlieben, dazu noch viel Kompost untergemischt, damit die Erde locker bleibt.

Samen und Blütenstände können zum Einkochen, Blätter für Salate (Gurken) oder zu Kartoffeln verwendet werden.

ORIENTALISCHER DILLAUFSTRICH

ZUTATEN

1 Bund Dill,
200 g Schafskäse,
1 kleine Knoblauchzehe,
2 EL Sauerrahm (saure Sahne), Kräutersalz

ZUBEREITUNG

Schafskäse fein reiben und mit Sauerrahm verrühren. Die zerdrückte Knoblauchzehe und den fein gehackten Dill dazugeben und mit Kräutersalz abschmecken.

DILL

DILL-LACHSAUFSTRICH

ZUTATEN

200 g Räucherlachs,
250 g Gervais,
2 EL gehackter Dill,
1 Knoblauchzehe,
Saft einer halben Zitrone,
1 EL Olivenöl

ZUBEREITUNG

Den Lachs kleinwürfelig schneiden und mit zerdrücktem Knoblauch und Olivenöl verrühren. Mit Salz und Pfeffer würzen und den Zitronensaft dazugeben. Einige Zeit im Kühlschrank ziehen lassen. Den Lachs pürieren und mit dem cremig gerührten Gervais vermischen. Den Dill vorsichtig untermischen.

DILLRÖLLCHEN

ZUTATEN

300 g Mehl,
120 g Butter,
6 EL Wasser,
2 Eigelb, Salz
Füllung: 250 g
Schafskäse, Salz, Pfeffer,
1 Ei, 1 TL Paprikapulver,
1 Bund Dill, Eigelb zum
Bestreichen
Backtemperatur: 180 Grad
Backzeit: ca. 20 Minuten

ZUBEREITUNG

Aus Mehl, Butter, Eigelb, Salz und lauwarmem Wasser einen Teig kneten und diesen kurz rasten lassen. In der Zwischenzeit den Schafskäse grob reiben und mit dem fein geschnittenen Dill, Salz, Pfeffer, Paprikapulver und dem Ei verrühren. Aus dem Teig Quadrate oder Kreise mit ca. 10 cm Durchmesser ausstechen. Ein Häufchen der Füllung daraufsetzen, einrollen, mit Eigelb bestreichen und im Backrohr goldgelb backen.

GEFÜLLTE LACHSSTANIZEL

ZUTATEN

500 g geschnittener Räucherlachs,
250 g Topfen (Quark),
1 KL Salz, 1 EL Dill,
Saft einer Zitrone

ZUBEREITUNG

Den Lachs zu Stanitzeln drehen. Den Topfen mit den übrigen Zutaten vermischen und mit einem Dressiersack in die Stanitzel füllen.

DILLFISOLEN „WIENER ART"

ZUTATEN

500 g Fisolen (grüne Gartenbohnen),
30 g Butter,
1 fein gehackte Zwiebel,
1 EL Mehl, 3 EL Dill,
125 ml Rindsuppe,
125 ml Sauerrahm (saure Sahne), Zitronensaft,
eine Prise Zucker,
Salz, Pfeffer

ZUBEREITUNG

Die Fisolen putzen und in Salzwasser bissfest kochen. Die Zwiebel in Butter anrösten, mit Mehl stauben und mit heißer Rindsuppe aufgießen. Kurz köcheln lassen, bis die Soße sämig ist. Anschließend die Fisolen dazugeben und mit Zucker, Salz, Pfeffer und Zitronensaft abschmecken. Zuletzt den fein geschnittenen Dill und den Sauerrahm unterrühren.

Als Beilage zum Wiener Tafelspitz ausgezeichnet!

DILL

DILL-PUTENGE-SCHNETZELTES

ZUTATEN

600 g Putenfleisch,
1 Zwiebel,
200 g Champignons, Salz, Pfeffer, 250 ml Obers (Sahne), 1 Bund Dill, Butter zum Anrösten

ZUBEREITUNG

Das Putenfleisch in feine Streifen schneiden. Die Champignons waschen und in feine Scheiben schneiden. Das Fett erhitzen und die fein geschnittene Zwiebel darin anrösten. Das Putenfleisch und die Champignons dazugeben und mitrösten. Salzen und pfeffern. So lange dünsten lassen, bis die Flüssigkeit verdampft ist. Mit Obers aufgießen und den fein gehackten Dill unterrühren.

ZANDERFILET IN DILLSOSSE

ZUTATEN

4 Zanderfilets,
6 EL Mehl,
1 TL scharfes Paprikapulver,
Salz, Pfeffer, Butter zum Braten, Saft einer halben Zitrone
Dillsoße: 30 g Butter,
20 g glattes Mehl
(D: Type 405),
250 ml Milch,
125 g Crème fraîche,
1 Bund Dill,
1 EL Weißwein,
Salz, Pfeffer

ZUBEREITUNG

Die Fischfilets mit Salz und Pfeffer würzen und im Mehl-Paprika-Gemisch wenden. Anschließend in einer Pfanne in Butter braten und warm stellen.
Für die Dillsoße: Butter erhitzen, Mehl beigeben, mit Milch aufgießen und zu einem Brei kochen lassen. Crème fraîche dazugeben und etwas Zitronensaft beigeben. Weißwein, Salz und Pfeffer dazurühren und den fein geschnittenen Dill unterrühren.
Die gebratenen Zanderfilets mit Dillsoße übergießen und servieren.

Foto: manulito/www.fotolia.com

ESTRAGON
(Artemisia dracunculus)

Beim Estragon heißt es aufpassen. Es gibt den wenig duftenden, aber sehr robusten „russischen" Estragon und den würzigen, leider etwas empfindlichen „französischen" Estragon. Daher: unbedingt „mit der Nase" kaufen und nicht das billigste Angebot wählen. An einem geschützten, sonnigen, nicht zu feuchten Standort wächst er allerdings problemlos.

Als Gewürz nur in kleinen Mengen verwenden, gut zum Einlegen von Gurken und für Würzessig geeignet.

ESTRAGONSTRUDEL ALS SUPPENEINLAGE

ZUTATEN

2 Strudelteigblätter,
3 Vollkornweckerln (-brötchen), 4 Eier,
250 ml Sauerrahm (saure Sahne),
1 EL Estragon,
Salz, Pfeffer, Butter zum Bestreichen
Backtemperatur: 180 Grad
Backzeit: 20 Minuten

ZUBEREITUNG

Die Vollkornweckerln in hauchfeine Scheiben schneiden. Die Eier mit dem Sauerrahm verquirlen und mit den Weckerln vermischen. Nun mit Salz und Pfeffer abschmecken und die Estragonblätter dazurühren. Die Strudelteigblätter mit der Masse füllen, einrollen, mit Butter bestreichen und im Backrohr knusprig braten. Den Strudel in kleine Stücke schneiden und in Rindsuppe servieren.

In Kärnten wird dieser Strudel als „Bertramstrudel" mit Salat serviert.

ESTRAGON-TOMATENSUPPE

ZUTATEN

1 EL Butter, 1 kleine Zwiebel, 1 Knoblauchzehe,
1 kleine Stange Sellerie,
600 g Tomaten,
150 ml Weißwein,
1 Lorbeerblatt,
4 Pimentkörner (Neugewürz),
1 TL Zucker, Salz
1 TL gehackte Estragonblätter,
125 g Crème fraîche

ZUBEREITUNG

Die Butter in einem Topf schmelzen lassen und die fein gehackte Zwiebel, den zerdrückten Knoblauch und die gehackten Selleriestücke einrühren und andünsten lassen. Die in Würfel geschnittenen Tomaten hinzufügen und mitdünsten lassen. Mit Weißwein ablöschen. Lorbeerblatt, Pimentkörner, Salz, Zucker und die Hälfte der Estragonblätter hinzufügen. Etwa 25 Minuten köcheln lassen. Alles durch ein Sieb streichen. Den restlichen Estragon und die Crème fraîche dazurühren. Kurz köcheln lassen und mit Estragonblättern dekorieren.

ESTRAGONHUHN

ZUTATEN

1 Huhn
Füllung: 3 EL gehackte Estragonblätter,
30 g weiche Butter,
1 Knoblauchzehe,
Zitronensaft,
Salz und Pfeffer,
Wasser oder Gemüsebrühe zum Aufgießen
Backtemperatur: 180 Grad
Backzeit: ca. 2 Stunden

ZUBEREITUNG

Das Huhn waschen, salzen und pfeffern. Die Butter schaumig rühren, die zerdrückte Knoblauchzehe, Zitronensaft und die Estragonblätter dazugeben und das Huhn innen und außen damit bestreichen. Das Huhn im Backrohr knusprig braten und zwischendurch mit etwas Wasser oder Gemüsebrühe aufgießen.

KERBEL
(Anthriscus cerefolium)

Das einjährige Kraut hat würzig duftende Blätter, die fein gefiedert sind. Es ist anspruchslos, benötigt jedoch viel Wasser. Damit immer zarter Kerbel geerntet werden kann, alle sechs bis acht Wochen nachsäen.

Zarte, junge Blätter für Suppen, Soßen und zu Salate niemals mitkochen.

KERBELSCHAUMSUPPE „FRÜHLINGSERWACHEN"

ZUTATEN

15 g Butter,
1 Knoblauchzehe,
1 Zwiebel, 200 g Lauch,
1 TL Anissamen,
1 l Gemüsebrühe,
Salz, Pfeffer,
100 ml Obers (Sahne),
80 g Kerbel

ZUBEREITUNG

Zwiebel und Lauch fein schneiden und in der zerlassenen Butter anrösten. Den zerdrückten Knoblauch und die Anissamen beigeben. Mit Gemüsebrühe aufgießen und aufkochen lassen. Mit Salz und Pfeffer würzen. Die Suppe pürieren und durch ein feines Sieb abseihen. Anschließend mit Obers und fein geschnittenem Kerbel verfeinern.

KERBELNOCKERLN ALS SUPPENEINLAGE

ZUTATEN

1 Liter Rindsuppe (Rindfleischbrühe),
50 g Butter, 2 Eigelb,
2 EL Milch, Salz,
100 g Mehl, 2 Eiweiß,
1 Bund Kerbel

ZUBEREITUNG

Die Butter schaumig rühren. Eigelb, Milch, Salz und Mehl einrühren. Eiweiß zu Schnee schlagen und den fein gehackten Kerbel unter den Teig heben. Mit einem Löffel kleine Nockerln ausstechen und in die kochende Rindsuppe einlegen. Köcheln lassen, bis sie an der Oberfläche schwimmen. Die Nockerln schmecken auch köstlich in einer gebundenen Kerbelschaumsuppe (Rezept siehe Seite 32). Dann allerdings müssen sie in Salzwasser gekocht werden.

HÜHNERGESCHNETZELTES IN KERBELRAHM

ZUTATEN

4 Hühnerschnitzel,
1 Bund Kerbel,
1 Zwiebel, 2 EL Öl,
1 EL Butter,
5 EL Weißwein,
250 ml Obers (Sahne),
Salz, Pfeffer

ZUBEREITUNG

Die Hühnerschnitzel in Streifen schneiden. Die Zwiebel fein hacken und in Öl und Butter anschwitzen. Die Hühnerstreifen dazugeben und mitrösten. Mit Weißwein aufgießen und das Obers unterrühren. Leicht köcheln lassen.
Mit Salz und Pfeffer abschmecken. Vor dem Servieren den fein gehackten Kerbel unterrühren.

KERBEL

KERBELTÄSCHCHEN

ZUTATEN

Füllung: 3 Handvoll Kerbel, 2 EL Semmelbrösel (Paniermehl),
2 EL Butter,
250 g Magertopfen (-quark), Salz, Pfeffer,
1 Pkg. Blätterteig,
1 Eigelb, eventuell Sesamsamen
Backtemperatur: ca. 200 Grad
Backzeit: 15–20 Minuten

ZUBEREITUNG

Den Kerbel fein hacken. Die Butter zerlassen und die Semmelbrösel darin anrösten. Den Kerbel kurz mitrösten und auskühlen lassen. Anschließend unter den Topfen rühren und mit Salz und Pfeffer abschmecken. Den Blätterteig ausrollen und in kleine Quadrate schneiden. Auf jedes Quadrat ein Häufchen der Topfenmasse geben und den Teig zusammenklappen. Gut festdrücken und mit Eigelb bestreichen. Eventuell mit Sesam bestreuen. Auf ein Backblech legen und im Backrohr goldgelb backen.

NUDELN MIT SPARGELSOSSE

ZUTATEN

500 g Bandnudeln,
1 Zwiebel, 500 g grüner Spargel, 1 Bund Kerbel,
80 g geriebener Parmesan, 2 EL Olivenöl,
1 Becher Crème fraîche,
Salz, Pfeffer, Butter zum Schwenken

ZUBEREITUNG

Die Bandnudeln in Salzwasser bissfest kochen. Die Zwiebel fein schneiden und in Olivenöl anrösten. Den Spargel am unteren Ende schälen, in ein Zentimeter dicke Scheiben schneiden und zur Zwiebel geben. Crème fraîche unterrühren und den fein gehackten Kerbel einrühren. Mit Salz und Pfeffer abschmecken. Die gekochten Nudeln in Butter schwenken und mit der Kerbelsoße übergießen.

KNOBLAUCH
(Allium sativum)

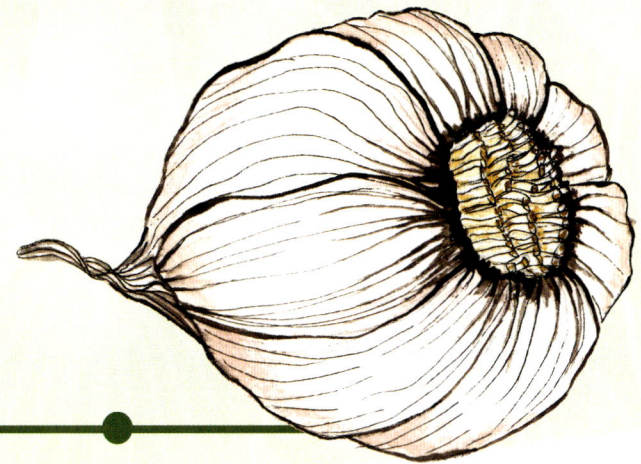

Knoblauchzehen steckt man im Herbst oder Frühjahr in die Erde. Ein sonniger Platz mit lehmiger, etwas sandiger Erde ist ideal. Geerntet wird nach dem Abtrocknen der Blätter. Im Ziergarten ist Knoblauch ein idealer Partner im Rosenbeet, im Gemüsegarten bei Karotten und Erdbeeren.

Knoblauch wird als Gewürz für viele Speisen, zum Beispiel Fleisch, Suppen, Braten, verwendet aber auch unvergekocht als Brotaufstrich und für Salate.

KNOBLAUCHBROT

ZUTATEN

1 Baguette,
4 Knoblauchzehen,
50 g Butter, 1 EL fein gehackte Petersilie, Salz
Backtemperatur: 200 Grad
Backzeit: 5 Minuten

ZUBEREITUNG

Backrohr vorheizen. Die Butter mit den zerdrückten Knoblauchzehen und der Petersilie verrühren und mit Salz abschmecken. Das Baguette in Abständen von 3 cm einschneiden. Die Knoblauchbutter in die Einschnitte streichen. Das Baguette in eine Alufolie wickeln und im Backrohr backen.

KNOBLAUCHSOSSE „AIOLI"

ZUTATEN

6 große Knoblauchzehen,
eine Prise Salz,
1 EL Zitronensaft,
3 Eigelb, 250 ml Olivenöl,
(alle Zutaten müssen
Zimmertemperatur haben)

ZUBEREITUNG

Die Knoblauchzehen schälen, zerdrücken und mit dem Salz und dem Zitronensaft zu einer Paste rühren. Die Paste in die Rührschüssel eines Standmixers füllen. Eigelb und Öl tropfenweise untermixen. So lange rühren, bis die Soße cremig ist.

Passt gut zu Gegrilltem und Meeresfrüchten.

FORELLE IM KNOBLAUCHHEMD

ZUTATEN

4 Forellen, 50 g Mehl,
100 g Butter,
Mehl zum Stauben,
9 Knoblauchzehen,
1 Bund Petersilie,
Saft einer Zitrone,
Salz, Pfeffer, Butter
zum Übergießen

ZUBEREITUNG

Die Forellen waschen und trocken tupfen. Anschließend salzen, pfeffern und in Mehl wenden. Butter erhitzen, die Forellen darin goldbraun braten und warm stellen. Die fein gehackten Knoblauchzehen und die fein gehackte Petersilie kurz in Butter anrösten und über die gebratenen Forellen gießen. Anschließend mit Zitronensaft beträufeln.

Mit Weißbrot servieren.

KNOBLAUCH

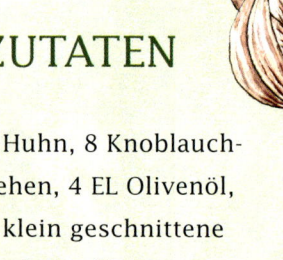

ITALIENISCHES KNOBLAUCHHUHN

ZUTATEN

1 Huhn, 8 Knoblauchzehen, 4 EL Olivenöl,
2 klein geschnittene Sardellenfilets,
125 ml Weißwein,
500 g Tomaten,
1 EL schwarze und grüne Oliven

ZUBEREITUNG

Das Huhn in acht Stücke zerteilen. Den Knoblauch schälen, grob hacken und anschließend in Öl in einer Kasserolle mit Deckel anrösten. Die Sardellenfilets und die Hühnerstücke dazugeben und knusprig braten lassen. Mit Weißwein aufgießen.
Die klein geschnittenen Tomaten dazugeben. Zudecken und das Huhn ca. 1 Stunde schmoren lassen. Vor dem Servieren die Kasserolle ohne Deckel ins heiße Backrohr stellen.
Übergrillen, bis die Hühnerhaut knusprig ist.

CHINESISCHE KNOBLAUCHPFANNE

ZUTATEN

1 kg Schweinefleisch,
10 Knoblauchzehen,
3 EL Sojasoße,
1 EL Maisstärkemehl,
Öl, Salz, Pfeffer

ZUBEREITUNG

Das Schweinefleisch in Streifen schneiden. Knoblauch schälen, fein hacken und das Fleisch mit dem Knoblauch, dem Stärkemehl und der Sojasoße vermischen. Etwa eine Stunde marinieren. Das Öl in einer Pfanne erhitzen und die marinierten Fleischstreifen unter Rühren scharf anbraten. Pfeffern und eventuell salzen.

Mit Jasminreis servieren!

GARTEN-KRESSE

(Lepidium sativum)

Ein Blumentopfuntersetzer mit Löschpapier oder ein kleiner Topf mit etwas sandiger Erde, dazu etwas Wasser – mehr braucht die Kresse nicht. In wenigen Tagen ist sie erntefertig. Im Garten ausgesät passt sie perfekt zu Radieschen, die ebenso flott wachsen.

Zu Salaten und als Belag aufs Butterbrot ist Kresse bestens geeignet.

FRÜHLINGSAUFSTRICH MIT KRESSE

ZUTATEN

100 g weiche Butter, 250 g Topfen (Quark), 1 Knoblauchzehe, Salz, Pfeffer, 1 Bund Radieschen, 1 Handvoll Gartenkresse

ZUBEREITUNG

Die weiche Butter mit Topfen, der zerdrückten Knoblauchzehe, Salz und Pfeffer cremig rühren. Die kleinwürfelig geschnittenen Radieschen und die geschnittene Garten-Kresse erst kurz vor dem Servieren unter die Topfenmasse rühren.

GARTEN-KRESSE

KARTOFFEL-KRESSE-SUPPE

ZUTATEN

1 EL Butter, 20 g Kresse, 300 g mehlige Kartoffeln, 500 ml Gemüsebrühe, 125 ml gekochte Milch, Obers (Sahne) zum Verfeinern

ZUBEREITUNG

Die Kresse in Butter andünsten. Die in Scheiben geschnittenen Kartoffeln dazugeben und mit Gemüsebrühe und Milch aufgießen. So lange kochen lassen, bis die Kartoffeln weich sind. Anschließend pürieren und eventuell mit Obers verfeinern.
Mit frischer Kresse bestreut servieren.

KRESSEBUTTER

ZUTATEN

100 g weiche Butter, 20 g Kresse, geriebene Zitronenschale, Salz, Pfeffer

ZUBEREITUNG

Die weiche Butter schaumig schlagen. Mit Salz, Pfeffer und geriebener Zitronenschale würzen und die Kresse vorsichtig unterrühren.

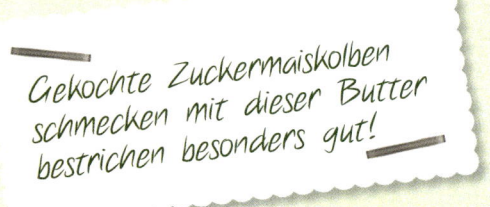

Gekochte Zuckermaiskolben schmecken mit dieser Butter bestrichen besonders gut!

Mit verschiedenen Blattsalaten servieren!

GARTEN-KRESSE

KRESSE-EIERNOCKERLN

ZUTATEN

250 g glattes Mehl
(D: Type 405),
1/2 TL Salz, 1 Ei,
250 ml Milch
Eierüberguss: 3 Eier
Salz, Pfeffer, 1 Handvoll
Kresse, Butter
zum Schwenken

ZUBEREITUNG

Ei und Milch verquirlen und mit Mehl und Salz verrühren. Mit einem Teelöffel kleine Nockerln (Klößchen) aus dem Teig stechen und diese in kochendem Salzwasser ca. 10 Minuten ziehen lassen. Die Nockerln abseihen und in heißer Butter schwenken. Die Eier mit Kresse, Salz und Pfeffer verquirlen, über die Nockerln gießen und auf kleiner Flamme stocken lassen. Vor dem Servieren mit Kresse bestreuen.

KRESSE-KAS-PRESSKNÖDEL

ZUTATEN

250 ml Milch, 2 Eier,
200 g Semmelwürfel
(würfelig geschnittene
Brötchen), 80 g Kresse,
1 EL Butter, 100 g Käse
(würfelig gschnitten),
Salz, Pfeffer, geriebene
Muskatnuss, 100 g glattes
Mehl (D: Type 405)

ZUBEREITUNG

Milch und Eier verquirlen, über die Semmelwürfel gießen und ziehen lassen. Die Kresse von den Stielen zupfen und in der Butter anschwitzen lassen. Die Semmelwürfel und Käsewürfel mit Salz, Pfeffer und Muskatnuss sowie der ausgekühlten Kresse vermengen. Das Mehl darüber stäuben. Aus dieser Masse Laibchen formen und bei niedriger Temperatur in Öl braten.

Köstliche GEHEIMNISSE

LIEBSTÖCKEL

(Levisticum officinale)
in Österreich auch
„Maggikraut"

Ist der Boden locker, humusreich und ein wenig feucht, dann ist das „Liebstöckerl" bald eine fast eineinhalb Meter hohe Staude. Blüten immer abschneiden, damit die Blätter wachsen. Jedes Jahr mit viel Kompost und Hornspänen versorgen.

Die Blätter für Suppen und Eintopf verwenden. Liebstöckel hat einen intensiven Geschmack, daher sorgsam dosieren!

GRÜNER AUFSTRICH

ZUTATEN

250 g Topfen (Quark),
1 EL Kürbiskernöl,
1 EL Liebstöckel,
2 EL Kürbiskerne, gehackt, 1 EL sehr kleine Speckwürfel, geröstet

ZUBEREITUNG

Den Topfen mit dem Kernöl schaumig rühren. Die gerösteten Speckwürfel, die gehackten Kürbiskerne sowie das fein gehackte Liebstöckel dazurühren und mit Salz und Pfeffer abschmecken.

KÜRBIS-LIEBSTÖCKEL-SUPPE

ZUTATEN

1 Liter Gemüsebrühe,
300 g Speisekürbis,
200 g rohe Kartoffeln,
125 ml Obers (Sahne),
1 Zwiebel,
1 TL Liebstöckel,
Salz und Pfeffer,
einige Tropfen Balsamicoessig

ZUBEREITUNG

Die fein gehackte Zwiebel in Öl anrösten. Den geschälten und in Würfel geschnittenen Kürbis mitrösten. Kartoffeln schälen, ebenfalls in Würfel schneiden und dazugeben. Das fein geschnittene Liebstöckel zugeben und mit der Gemüsebrühe aufgießen. Obers einrühren und die Suppe nur mehr köcheln lassen. Anschließend pürieren und mit Salz, Pfeffer und Balsamicoessig abschmecken.

SPARGEL MIT LIEBSTÖCKELBUTTER

ZUTATEN

1/2 Bund Liebstöckel,
100 g Butter,
200 ml Spargelfond,
2 kg weißer Spargel,
Salz, Zucker

ZUBEREITUNG

Den Spargel schälen und in Wasser mit etwas Salz und Zucker kochen. Anschließend abseihen, den Spargelfond dabei jedoch auffangen.
Für die Liebstöckelbutter wird das Liebstöckel gewaschen und fein geschnitten. Die Butter in einem Topf erhitzen, Liebstöckel dazugeben, mit dem Spargelfond aufgießen und kurz köcheln lassen. Eventuell mit Salz nachwürzen. Die Soße zum gekochten Spargel servieren.

LIEBSTÖCKEL

WURSTSALAT MIT LIEBSTÖCKEL

ZUTATEN

4 Knackwürste,
1 Zwiebel, 1 rote
Paprikaschote,
1 grüne Paprikaschote,
100 g Goudakäse
Marinade: 2 EL Essig,
4 EL Öl, 1 TL Senf,
Salz, Pfeffer, 1 EL fein
geschnittenes Liebstöckel

ZUBEREITUNG

Die Knackwürste, die Zwiebel und die Paprikaschoten in Scheiben und den Gouda in feine Streifen schneiden. Auf einer Platte auflegen. Aus Essig, Öl, Senf, Salz, Pfeffer und Liebstöckel eine Marinade zubereiten und das Wurstgemisch damit übergießen.

Als Beilage Salzkartoffeln servieren.

MAJORAN

(Echter Majoran,
Origanum majorana)

Ein Platz an der Sonne ist für dieses Würzkraut ideal, dazu noch humusreicher Boden mit etwas Kompost und Hornspänen. Ausgesät wird erst nach dem Frost, also Mitte Mai, oder man kauft sich Jungpflanzen.

Das ideale Gewürz für Fleischgerichte; vor allem bei Leber darf es nicht fehlen. In kleinen Mengen für Faschiertes (Hackfleisch). Fördert die Verdauung.

KALBSLEBERAUFSTRICH

ZUTATEN

250 g Kalbsleber,
2 EL frischer Majoran
(oder 2 TL getrockneter
Majoran), 1 Zwiebel,
50 g Speck, 2 EL Cognac,
100 g Butter, Salz,
Pfeffer

ZUBEREITUNG

Den Speck kleinwürfelig schneiden und in einer Pfanne anbraten. Die fein gehackte Zwiebel dazugeben. Die gewaschene und in dünne Scheiben geschnittene Leber ebenfalls mitrösten. Die Majoranblättchen von den Stängeln zupfen und zur Leber geben. Mit Cognac ablöschen und die Masse abkühlen lassen. Anschließend pürieren und mit der weichen Butter verrühren. Erst zum Schluss mit Salz und Pfeffer abschmecken.

MAJORAN

KARTOFFELSUPPE „HERBSTSEGEN"

ZUTATEN

600 g rohe Kartoffeln,
1 Liter Gemüsebrühe,
1 Zwiebel, 125 ml
Sauerrahm (saure Sahne),
1 TL glattes Mehl
(D: Type 405),
2 EL fein geschnittener
Majoran (oder 2 TL
getrockneter Majoran),
1 EL Butter, Salz,
Pfeffer, geriebene
Muskatnuss

ZUBEREITUNG

Die Butter erhitzen und die klein geschnittene Zwiebel darin anrösten. Die Kartoffeln schälen, kleinwürfelig schneiden und dazugeben. Mit Gemüsebrühe aufgießen und weich kochen. Den Sauerrahm mit dem Mehl verquirlen, in die Suppe einrühren und mitkochen lassen. Die Majoranblätter von den Stängeln zupfen und fein hacken. In die Suppe einrühren und mit Salz, Pfeffer und Muskatnuss würzen.

MAJORANKARTOFFELN

ZUTATEN

750 g rohe Kartoffeln,
2 EL frischer Majoran,
(oder 2 TL getrockneter
Majoran), 250 ml Obers
(Sahne), 2 Eigelb, Salz,
Pfeffer, Butter für
die Form
Backtemperatur: 200 Grad
Backzeit: 1 Stunde

ZUBEREITUNG

Die geschälten Kartoffeln in dünne Scheiben schneiden. Den Majoran sehr fein hacken. Das Obers mit dem Eigelb verrühren und mit Salz, Pfeffer und Majoran abschmecken. Die Kartoffeln in eine gefettete Auflaufform schichten. Salzen, pfeffern und mit dem Eier-Obers-Gemisch übergießen. Butterflöckchen daraufsetzen und im Backrohr goldgelb backen.

MAJORANNUDELN „URLI"

ZUTATEN

500 g Faschiertes (Hackfleisch),
Öl zum Braten,
1 TL Paprikapulver,
500 Spiralennudeln,
125 ml Sauerrahm (saure Sahne), Salz, Pfeffer,
2 EL frischer Majoran (oder 2 TL getrockneter Majoran)

ZUBEREITUNG

Faschiertes in Öl anrösten und mit Salz, Pfeffer und Paprikapulver würzen. Den Majoran dazugeben. Die Nudeln in Salzwasser bissfest kochen und mit der Fleischmasse vermengen. Den Sauerrahm unterrühren und servieren.

MAJORAN-ZWIEBEL-BUTTER

ZUTATEN

100 g Butter
2 Zwiebeln
1 EL Öl
3 EL frischer Majoran (oder 3 TL getrockneter Majoran)

ZUBEREITUNG

Die Zwiebeln in feine Ringe schneiden und in Öl goldbraun rösten. Anschließend auf eine Küchenrolle legen, damit sie knusprig bleiben. Die weiche Butter schaumig rühren, Salz und Majoran dazugeben und die Zwiebelringe einrühren.

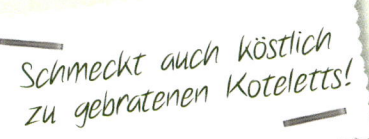

Schmeckt auch köstlich zu gebratenen Koteletts!

GERÖSTETE MAJORAN-LEBER

ZUTATEN

500 g Kalbsleber,
2 große Zwiebeln,
Öl zum Braten,
1 TL Mehl, 300 ml Wasser,
2 EL Sauerrahm (saure Sahne), Salz, Pfeffer,
2 EL frischer Majoran,
(oder 2 TL getrockneter Majoran), Mehl zum Stauben

ZUBEREITUNG

Die Leber in feine Streifen schneiden. Die fein geschnittenen Zwiebeln in Öl anrösten und die Leber dazugeben und mitrösten. Mit Wasser aufgießen, den Majoran dazugeben und weich dünsten. Sauerrahm und Mehl zu einem Brei verrühren und zur gedünsteten Leber geben. Kurz aufkochen lassen und mit Salz und Pfeffer abschmecken.

Die Leber erst vor dem Servieren salzen, sonst wird sie hart!

SCHWEINELENDCHEN IN APFEL-MAJORAN-SOSSE

ZUTATEN

300 g Schweinefilets,
Senf, Salz, etwas griffiges Mehl (D: Type 405) zum Wenden, etwas Öl zum Anbraten, 4 Äpfel,
1 EL frischer Majoran (oder 1 TL getrockneter Majoran), 250 ml Gemüsebrühe, Obers (Sahne) zum Verfeinern

ZUBEREITUNG

Die Schweinefilets in ca. 1 cm dicke Scheiben schneiden, salzen, mit Senf bestreichen und auf einer Seite in Mehl tauchen. In einer Pfanne Öl erhitzen und die Filets darin beidseitig anbraten. Für die Soße die Äpfel schälen, in Spalten schneiden und mit dem Majoran und der Gemüsebrühe aufkochen. Die Masse pürieren, mit Obers verfeinern und über die gebratenen Filets gießen. Mit Kartoffeln servieren.

MELISSE

(Zitronenmelisse,
Melissa officinalis)

Einmal Melisse, immer Melisse. Nicht nur aufgrund ihres unvergesslichen Aromas, sondern auch, weil sich die Zitronenmelisse so bereitwillig aussät. Dieses Kräutlein sollte in keinem Kräutergarten fehlen. Es wächst genügsam, selbst in Pflasterfugen.

Das Kraut mit Zitronengeschmack passt zu Salaten (kleine Blätter oder Triebspitzen); Melissentee wirkt beruhigend.

ZUTATEN

500 g Fischfond oder Gemüsebrühe,
1 Karotte (Möhre),
4 Tomaten, 2 Zwiebeln,
1 EL Butter,
1 EL Olivenöl,
1 Pkg. Safran (0,14 g),
125 ml Milch,
2 EL Speisestärke,
400 g Dorschfilet,
1 Eigelb, 125 ml Obers (Sahne), 2 EL frische klein geschnittene Zitronenmelisse

FISCHSUPPE „WERNER"

ZUBEREITUNG

Die Butter zerlassen und die in Ringe geschnittenen Zwiebeln darin glasig dünsten. Den Dorsch in größere Stücke zerteilen und zu den Zwiebeln geben. Die enthäuteten und würfelig geschnittenen Tomaten sowie die in Würfel geschnittene Karotte dazugeben und mit dem Fischfond aufgießen. Den Safran in einem Esslöffel heißem Wasser auflösen und mit Speisestärke und Milch verrühren. Zur Suppe geben und aufkochen lassen. Wenn der Fisch gar ist, Eigelb mit dem Obers verquirlen und in die heiße Suppe einrühren. Mit Salz und Pfeffer abschmecken und vor dem Servieren die Zitronenmelisse unterrühren.

MELISSE

MELISSENSAFT

ZUTATEN

1 Bund Zitronenmelisse (ca. 25-30 Stängel),
100 g Zitronensäure,
3 ungespritzte Zitronen,
3 l Wasser, 3 kg Zucker

ZUBEREITUNG

Zucker mit dem Wasser aufkochen und abkühlen lassen. Dann die in Scheiben geschnittenen Zitronen, Zitronensäure und die Melissenstängel dazugeben und 2–3 Tage mit einem Tuch abgedeckt kühl stehen lassen; einige Male umrühren. Danach in saubere Flaschen abfüllen und kühl und dunkel lagern.

ZITRONENMELISSEN-TORTE

ZUTATEN

250 g Mehl, 100 g Zucker, 115 g Butter,
1 Ei, Vanillezucker, Salz,
Joghurtmasse: 150 g Zucker, 500 ml Joghurt,
1 Pkg. Vanillezucker,
Saft und Schale einer Zitrone, 5 Blatt Gelatine,
250 ml Obers (Sahne),
1 Pkg. Tortengelee (klar),
250 ml frischer Zitronenmelissentee,
Zitronenmelissenblätter
Backtemperatur: 180 Grad
Backzeit: 30 Minuten

ZUBEREITUNG

Aus Mehl, Zucker, Butter, Ei, Vanillezucker und Salz einen Mürbeteig zubereiten. In eine Tortenform geben, mehrmals einstechen und im Backrohr backen. Joghurt, Zucker, Vanillezucker und die Zitronenschale verrühren. Die eingeweichte Gelatine ausdrücken, mit dem Zitronensaft erwärmen und zur Joghurtmasse geben. Das geschlagene Obers unterheben. Die Masse auf den ausgekühlten Mürbeteigboden streichen. Die Torte 3 Stunden kühl stellen. Einen Zitronenmelissentee kochen und das Tortengelee mit diesem Tee anrühren. Die Joghurtmasse mit schönen Zitronenmelissenblättern belegen und das Tortengelee lippenwarm darübergießen.

PFEFFERMINZE

(Mentha x piperita)

Eine feuchte, fast sonnenlose Ecke im Garten ist der ideale Platz. Die Pfefferminze neigt zum Wuchern und sollte daher in ihrem Wachstum gebremst werden. In Kärnten, Österreichs südlichstem Bundesland, wird in den Küchengärten eine besondere Minze als Speiseminze gezogen: die Kärntnerminze *(Mentha x carinthiaca)*, traditionell auch Nudelminze genannt.

Vor allem als Tee aus grünen und getrockneten Blättern und auch als kühles Erfrischungsgetränk kann Pfefferminze genommen werden oder als Speisewürze.

MINZESOSSE „SISSINGHURST"

ZUTATEN

2 Bund Minze,
1 keine Zwiebel,
2 EL Olivenöl,
3 EL Kristallzucker,
125 ml Gemüsebrühe,
4 EL Weinessig

ZUBEREITUNG

Die fein geschnittene Zwiebel in Olivenöl anschwitzen. Den Zucker und die Hälfte der gehackten Minze dazugeben. Mit der Gemüsebrühe und dem Weinessig aufgießen und kurz köcheln lassen. Wenn die Soße abgekühlt ist, die restliche Minze einrühren und mit Salz und Pfeffer abschmecken. Ein englisches Originalrezept!

Servieren Sie diese Soße zu gegrilltem Fleisch. Besonders gut zu gegrilltem Lammkotelett!

PFEFFERMINZE

KÄRNTNER KASNUDELN

ZUTATEN

ZUBEREITUNG

500 g Mehl, 2 Eier, Salz
1 EL Öl, 125 ml Wasser
Füllung: 500 g Topfen (Quark)
250 g gekochte, passierte Kartoffeln
2 Eier, Salz
2 EL fein gehackte Minze, am besten Kärntnerminze (siehe Pflanzenporträt)
80 g Butter

Aus Mehl, Salz, Ei, Wasser und Öl einen Nudelteig zubereiten und ein halbe Stunde rasten lassen. Inzwischen werden die Zutaten für die Füllung verrührt. Den Teig auf einem Brett ausrollen und Kreise im Durchmesser 8–10 cm ausstechen. Auf jede Scheibe etwas Füllung geben. Die Ränder mit Wasser bestreichen und zu Halbkreisen zusammenklappen. Die Nudeln in kochendem Salzwasser 10 bis 12 Minuten köcheln lassen. Wenn sie an der Oberfläche schwimmen, herausheben und mit brauner Butter übergießen.

PFEFFERMINZE

ANANAS-MINZE-SALAT

ZUTATEN

1 frische Ananas,
50 g gehackte Walnusskerne,
1 EL gehackte Minzeblätter
(z.B. Ananasminze),
eventuell 125 ml Obers (Sahne)

ZUBEREITUNG

Ananas schälen, Strunk herauslösen und Fruchtfleisch in Würfel schneiden. Mit der fein gehackten Ananasminze vermischen. Gut kühlen. Vor dem Servieren mit den gehackten und gerösteten Walnusskernen und eventuell mit geschlagenem Obers vermischen.

PFIRSICH-MINZ-KOMPOTT

ZUTATEN

40 große Minzeblätter,
15 Zuckerwürfel,
1 l Wasser,
1 kg gelbe Pfirsiche

ZUBEREITUNG

Das Wasser aufkochen und die Minzeblätter mit dem heißen Wasser übergießen. Zuckerwürfel dazugeben und 10 Minuten ziehen lassen. Die Pfirsiche schälen, in Scheiben schneiden und in eine Schüssel geben. Den heißen Tee abseihen und über die Pfirsiche gießen. Abkühlen lassen. Eventuell mit Minzeblättern dekorieren.

OREGANO

(Echter Dost, Milder oder Falscher Oregano, Origanum vulgare)

Der typische Südländer benötigt einen besonders warmen Platz mit trockenem, durchlässigem Boden. Oft genügt es, einige Samen auszustreuen. Besonders würzige und schöne Pflanzen muss man als Jungpflanzen erwerben.

Oregano ist bekannt als Pizza-Gewürz. Der Tee aus getrockneten Blättern regt den Appetit an.

ZUTATEN

2 Melanzani (Auberginen),
150 g Schinken,
150 g Goudakäse,
250 g enthäutete,
pürierte Tomaten,
2 EL Oregano, Olivenöl zum Anbraten, Salz
Bacltemperatur: 200 Grad
Backzeit: bis der Käse geschmolzen ist

MELANZANIAUFLAUF

ZUBEREITUNG

Die Melanzani waschen, der Länge nach in dicke Scheiben schneiden und salzen. Olivenöl in einer Pfanne erhitzen und die Melanzanischeiben darin auf beiden Seiten braten, bis sie weich sind. Anschließend die Melanzani in eine Auflaufform schichten und mit Tomatensoße und Schinkenblättern bedecken. Mit Käsescheiben belegen und mit Oregano bestreuen. Im Backrohr kurz überbacken.

OREGANO

ZUTATEN

8 kleine Kalbsschnitzel,
2 EL Butter,
150 ml Gemüsebrühe,
200 g Gorgonzola,
4 EL Sherry,
2 EL fein gehackte,
Oreganoblättchen, Salz,
Pfeffer
Backtemperatur: 200 Grad
Backzeit: 10 Minuten

KALBSSCHNITZEL IN DER KÄSEKRUSTE

ZUBEREITUNG

Die Kalbsschnitzel dünn klopfen, salzen und pfeffern und in einer Pfanne in Butter auf beiden Seiten knusprig braten. Die Schnitzel herausnehmen und in eine feuerfeste Form legen. Den Bratensaft mit Sherry löschen, mit der Gemüsebrühe aufgießen und den grob geriebenen Gorgonzola einrühren. Die gehackten Oreganoblättchen unterrühren. Die Soße über die Fleischstückchen gießen und im Backrohr überbacken.

Mit Bandnudeln servieren.

ZUTATEN

4 Salzstangerln
(längliches Weißgebäck),
100 g Gouda,
100 g Schinken,
3 EL Obers (Sahne),
Salz, Pfeffer, Oregano
Backtemperatur: 200 Grad
Backzeit: ca. 10 Minuten

OREGANOSTANGERLN

ZUBEREITUNG

Schinken und Käse klein schneiden und mit Obers verrühren. Mit Salz und Pfeffer würzen. Die Salzstangerln der Länge nach halbieren und mit der Schinken-Käse-Masse bestreichen, mit Oregano bestreuen und im Backrohr überbacken.

PIZZA „SOPHIE"

ZUTATEN

500 g glattes Mehl
(D: Type 405),
250 ml lauwarmes Wasser,
1 EL Mehl, 1 Würfel, Germ
(Hefe), 1 TL Zucker, 2 EL
Öl, 1 TL Salz
Belag: 1 EL Olivenöl
1 Zwiebel, 500 g Tomaten,
250 g Mozzarella (in
Scheiben geschnitten),
Oregano
Backtemperatur: 200 Grad
Backzeit: ca. 20 Minuten

ZUBEREITUNG

Germ mit Wasser, Zucker und einem Esslöffel Mehl zu einem Brei verrühren und aufgehen lassen. Das Mehl mit Salz und Öl vermengen. Mit dem Vorteig verrühren. So viel Wasser zugeben, bis ein fester Teig entsteht und diesen gut durchkneten. Den Teig nochmals gehen lassen.

Für die Tomatensoße die fein geschnittene Zwiebel in Olivenöl anrösten, die geschnittenen Tomaten dazugeben und weich dünsten. Anschließend pürieren. Teig auf einem Backblech ausrollen und mit der Tomatensoße bestreichen, mit dem Mozzarella belegen und mit Salz und Oregano bestreuen. Im Backrohr auf der untersten Schiene backen.

EINGELEGTER SCHAFSKÄSE

ZUTATEN

250 g Schafskäse,
Olivenöl nach Bedarf,
3 Zweige Oregano,
2 Zehen Knoblauch,
eventuell Oliven

ZUBEREITUNG

Den Schafskäse in Würfel schneiden und in ein großes Glas mit Schraubverschluss füllen. Grob gehackte Knoblauchzehen und Oliven dazuschichten. Oreganozweige hineinstecken und das Glas mit Olivenöl auffüllen. Einige Tage im Kühlschrank ziehen lassen.

PETERSILIE
(Petroselinum crispum)

Neben dem Schnittlauch das am meisten verwendete Gewürzkraut. Die Blätter werden gut 30 Zentimeter hoch. Das Wichtigste nach dem Aussäen: Geduld! Feucht halten und niemals dort anbauen, wo im Vorjahr Karotten oder Petersilie standen.

Ob als Würze im Salat, als Tüpfelchen auf dem „i" bei Kartoffeln oder in den verschiedensten Soßen – ohne sie geht in der Küche gar nichts.

PETERSILIENSCHAUMSUPPE

ZUTATEN

3 Bund Petersilie,
1 kleine Zwiebel,
750 ml Gemüsebrühe,
250 ml Obers (Sahne),
1 EL Butter, Salz,
Pfeffer

ZUBEREITUNG

Die abgezupften Petersilienblätter kurz blanchieren. Die gehackte Zwiebel in Butter anschwitzen und die Petersilie dazugeben. Mit Gemüsebrühe und Obers aufgießen und kurz köcheln lassen. Mit Salz und Pfeffer abschmecken und anschließend pürieren.

PETERSILIE

SALSA VERDE

ZUTATEN

6 Sardellenfilets,
2 EL Kapern,
2 Knoblauchzehen,
2 große Bund Petersilie,
4 EL Olivenöl,
2 TL Weinessig, Salz

ZUBEREITUNG

Sardellen, Kapern, Knoblauch und Petersilie mit dem Messer sehr fein hacken. Das Olivenöl unterrühren und mit Salz und Essig abschmecken. Wird in Italien oft zu gekochtem Fleisch serviert!

PUTENRAGOUT „GEORG"

ZUTATEN

4 Putenschnitzel,
1 große Zwiebel,
3 Knoblauchzehen,
2 EL Öl, 1 EL Butter,
300 ml Gemüsebrühe,
100 ml Weißwein,
125 g Crème fraîche,
1 TL glattes Mehl
(D: Type 405),
2 Bund Petersilie,
eventuell Zitronensaft

ZUBEREITUNG

Zwiebel und Knoblauch kleinwürfelig schneiden und im Öl-Butter-Gemisch anrösten.
Das in Streifen geschnittene Putenfleisch mitrösten und mit Mehl stauben.
Mit Wein und Suppe aufgießen und Crème fraîche einrühren. Die Petersilie fein schneiden und unter die Soße geben. Mit Salz, Pfeffer und eventuell Zitronensaft abschmecken.

PETERSILIE

PILZG'RÖSTL

ZUTATEN

500 g Eierschwammerln
(Pfifferlinge),
300 g gekochte
Kartoffeln, 1 Zwiebel,
1 Bund Petersilie,
Öl zum Braten, Salz und
Pfeffer, 2 Eier

ZUBEREITUNG

Die Schwammerln putzen und waschen. In einer Pfanne die fein gehackte Zwiebel in Öl anrösten und die in Scheiben geschnittenen Kartoffeln goldgelb braten. Anschließend die halbierten Schwammerln (Pfifferlinge) dazugeben und mitrösten. Die Eier mit der fein gehackten Petersilie verrühren, zu der Schwammerlmasse geben und die Masse stocken lassen. Mit Salz und Pfeffer abschmecken.

Eierschwammerln eignen sich gut zum Einfrieren. Vor dem Verwenden sollten sie kurz überbrüht werden, dann schmecken sie wie frisch aus dem Wald.

SCHARFE NUDELN MIT PETERSILIE

ZUTATEN

500 g Bandnudeln,
5 EL Olivenöl,
2 Chilischoten,
2 Knoblauchzehen,
Salz, Pfeffer,
1 Bund Petersilie

ZUBEREITUNG

Die Nudeln in Salzwasser bissfest kochen. Die gehackten Knoblauchzehen und die zerkleinerten Chilischoten in Olivenöl anschwitzen und anschließend entfernen. Das pikante Öl mit den gekochten Nudeln vermischen. Mit fein gehackter Petersilie bestreuen und sofort servieren.

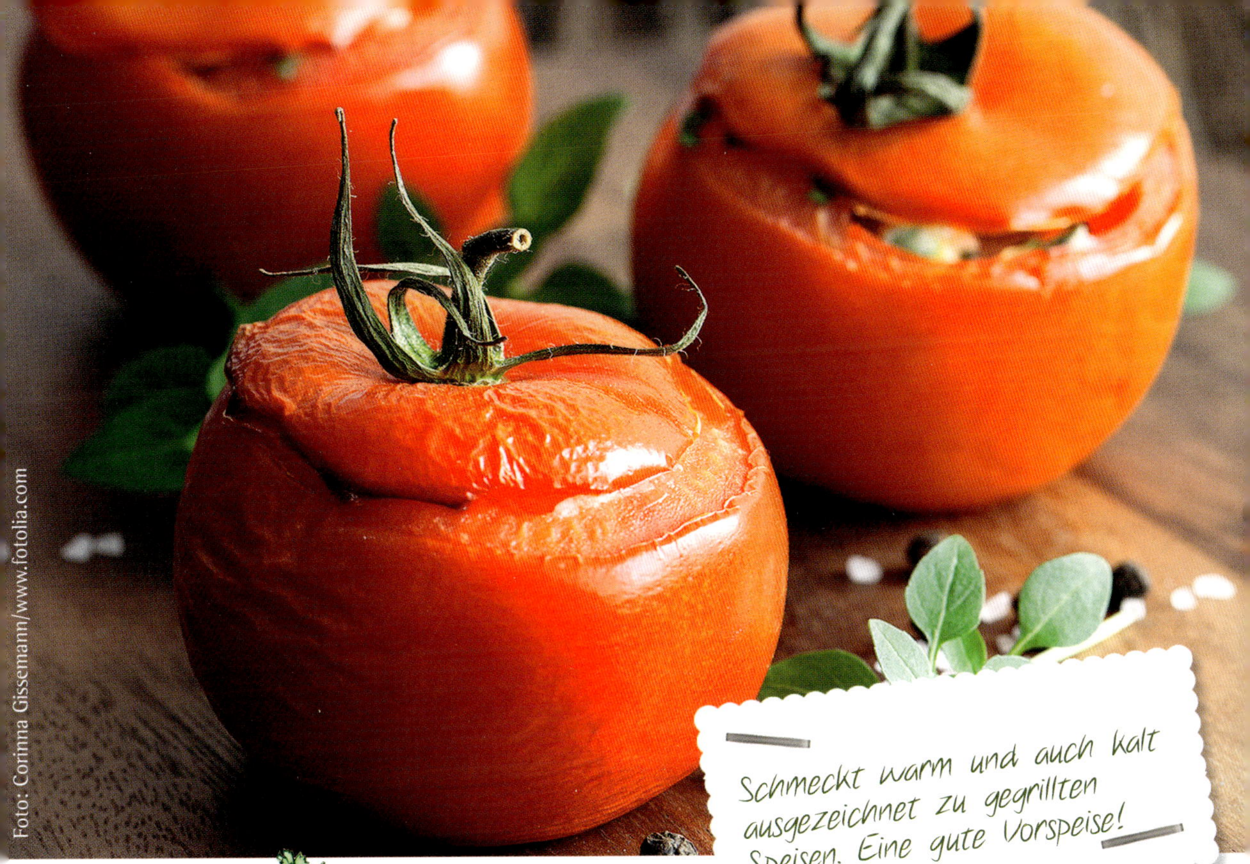

Foto: Corinna Gissemann/www.fotolia.com

Schmeckt warm und auch kalt ausgezeichnet zu gegrillten Speisen. Eine gute Vorspeise!

TOMATEN MIT HÄUBCHEN

ZUTATEN

6 mittelgroße Tomaten,
1 Knoblauchzehe,
1 Bund Petersilie,
einige Blätter Basilikum und Minze,
50 g geriebener Parmesan,
4 EL Semmelbrösel (Paniermehl), Salz,
Pfeffer, 4 EL Olivenöl
Backtemperatur: 225 Grad
Backzeit: ca. 10 Minuten

ZUBEREITUNG

Tomaten quer halbieren. Die Knoblauchzehe mit den Kräutern fein hacken. Den Parmesan und die Semmelbrösel dazurühren und mit Salz und Pfeffer würzen. Die Tomatenhälften mit dieser Masse bestreichen und in eine geölte Auflaufform stellen. Das Olivenöl über die Tomaten träufeln. Im Backrohr goldgelb backen.

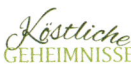

ROSMARIN

(Rosmarinus officinalis)

Viele Rosmarinstöcke landen auf dem Kompost, weil die Erde falsch gewählt wurde: Die Pflanze – in der Übersetzung eigentlich „Meertau" – liebt durchlässigen, steinigen, kalkhaltigen Boden, dann wird sie Jahrzehnte alt. Kühl und hell überwintern.

Rosmarin schmeckt gut zu Reis, Geflügel, Tomatensuppe. Rosmarintee stärkt das Herz, Bäder wirken anregend und vertreiben den Schlaf.

ZUTATEN

600 g Mehl, 1 TL Salz,
1 Würfel Germ (Hefe),
2 EL Olivenöl, Wasser
nach Bedarf, 1 EL Mehl,
1 TL Zucker, Olivenöl zum
Bestreichen, 1 Handvoll
Rosmarin zum Bestreuen,
Salz
Backtemperatur: 200 Grad
Backzeit: ca. 15 Minuten

ROSMARIN-FOCACCIA

ZUBEREITUNG

Aus Germ, Zucker, Mehl und Wasser nach Bedarf einen Brei rühren und aufgehen lassen. Mehl, Salz und Olivenöl vermischen und das aufgegangene „Germdampferl" (den Vorteig) dazugeben. Mit so viel lauwarmem Wasser vermengen, dass ein halbfester Teig entsteht. Gut durchkneten und nochmals aufgehen lassen. Den Teig auf einem Backblech ausrollen. Mit dem Finger kleine Dellen hineintupfen. Olivenöl darauf träufeln und mit einem Pinsel verstreichen. Klein gehackte Rosmarinnadeln auf dem Teig verteilen und mit Salz bestreuen. Die Focaccia im Backrohr goldgelb backen.

Besonders gut als Gebäck zu einer Gemüsesuppe!

ROSMARIN

Kräutertopfen (-quark) und gemischten Salat dazu servieren!

ROSMARINKARTOFFELN

ZUTATEN

1 kg Kartoffeln,
6 EL Olivenöl,
4 Knoblauchzehen,
1 Bund Rosmarin,
1 EL grobes Meersalz
Backtemperatur: 200 Grad
Backzeit: 45 Minuten

ZUBEREITUNG

Kartoffeln waschen, schälen, halbieren oder vierteln. Das Backblech mit 2 EL Olivenöl bepinseln und die Kartoffelstücke darauf verteilen. Die Kartoffeln mit dem restlichen Öl bepinseln. Knoblauch kleinwürfelig schneiden. Die fein gehackten Rosmarinnadeln und das Salz über die Kartoffeln streuen. Im Backrohr backen. Eventuell mit Folie abdecken, damit die Kartoffeln nicht zu dunkel werden.

ROSMARINWECKERLN

ZUTATEN

1 kg Weizenmehl,
4 TL Salz, 1 Würfel Germ (Hefe),
1 TL Zucker,
500 ml Wasser,
5 Zweige Rosmarin,
Eiklar zum Bestreichen
Backtemperatur: 220 Grad
Backzeit: ca. 15 Minuten

ZUBEREITUNG

Mehl mit dem Salz vermischen. Germ (Hefe) mit dem Zucker in etwas lauwarmem Wasser verrühren. Eine Mulde ins Mehl drücken und die aufgelöste Hefe darin einrühren.

Den Vorteig gehen lassen und anschließend den Teig gut durchkneten. Zu einer Kugel formen, mit einem Tuch abdecken und gehen lassen, bis der Teig sich verdoppelt hat.

Nun den Teig noch einmal durchkneten und die gehackten Rosmarinnadeln unterheben. Kleine Weckerln formen, aufgehen lassen, mit Eiklar bestreichen und backen.

ROSMARIN

ROSMARINHUHN „KARLI"

ZUTATEN

1 Huhn, 1 Zwiebel,
2 Knoblauchzehen,
1 EL Rosmarinnadeln,
2 Rosmarinzweige,
500 ml Wasser,
5 EL Olivenöl,
1 EL Apfelessig,
Kräutersalz, Pfeffer

Backtemperatur: 180 Grad
Backzeit: ca. 1 Stunde

ZUBEREITUNG

Das Huhn zerteilen, salzen und pfeffern und mit den fein gehackten Rosmarinnadeln einreiben. Die fein geschnittene Zwiebel und den grob gehackten Knoblauch in Öl in einer Kasserolle anrösten. Die Hühnerstücke einlegen und kurz anbraten. Die Kasserolle mit einem Deckel oder einer Folie abdecken und das Huhn ca. 1 Stunde im Backrohr braten lassen. Wasser mit Kräutersalz und Essig verrühren, das Gericht damit aufgießen und die Rosmarinzweige dazugeben. Anschließend die Hühnerteile noch bei 220 Grad etwa 15 Minuten knusprig braten.

ITALIENISCHER SCHWEINEROLLBRATEN

ZUTATEN

1 kg Schweinerollbraten,
4 Zweige Rosmarin,
1 TL getrockneter Rosmarin, 3 zerdrückte Knoblauchzehen,
etwas Zitronenschale,
eine Prise geriebene Muskatnuss, Salz, Pfeffer,
2 EL Olivenöl,
200 ml Weißwein

Backtemperatur: 180 Grad
Backzeit: ca. 2 Stunden

ZUBEREITUNG

Das Fleisch salzen, pfeffern und mit Zitronenschale, Knoblauch, getrocknetem Rosmarin und Muskatnuss einreiben. Die Rosmarinzweige unter das Bindegarn des Schweinebratens stecken. In einer Kasserolle das Öl erhitzen, den Rollbraten einlegen und ins Backrohr stellen. Von Zeit zu Zeit mit Wein aufgießen und braten, bis das Fleisch gar ist.

Statt Schweinerollbraten kann auch Lammfleisch verwendet werden.

RUCOLA
(Eruca sativa)

Ein Stock mit Rucola reicht meist schon aus, dann steht einem italienischen Essen nichts mehr im Wege. Die Rauke – vor allem die „Wilde" – lässt sich auch leicht aussäen. Wer die Pflanze einmal zum Blühen gebracht hat, findet bald überall kleine Rucolas.

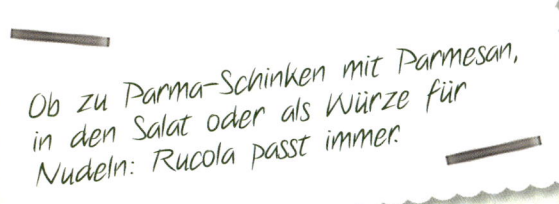

Ob zu Parma-Schinken mit Parmesan, in den Salat oder als Würze für Nudeln: Rucola passt immer.

RUCOLASALAT MIT PARMESAN

ZUTATEN

2 große Bund Rucola,
3 EL Olivenöl,
2 EL Balsamicoessig,
Salz, Pfeffer,
75 g Parmesan im Ganzen

ZUBEREITUNG

Rucola waschen und in mundgerechte Stücke zerkleinern. Aus Öl, Essig, Salz und Pfeffer eine Marinade zubereiten und mit dem Rucola vermischen. Den Parmesan darüberhobeln. Originell ist es, wenn Sie den Salat in Parmaschinken einrollen, dann allerdings dürfen Sie den Rucola nicht zerteilen.

RUCOLA

RUCOLASALAT „PELOPONESE"

ZUTATEN

200 g Rucola,
125 g Crème fraîche,
150 g Schafskäse,
2 TL Senf,
2 EL Sherry-Essig,
5 Kirschtomaten
eine Prise Zucker

ZUBEREITUNG

Den Rucola waschen und grob schneiden. Den Schafskäse in Würfel schneiden. Aus Senf, Salz, Pfeffer, Essig, Crème fraîche und Zucker eine Marinade rühren und mit dem Rucola vermischen. Den Salat auf einem Teller dekorativ anrichten und mit dem Schafskäse und den halbierten Kirschtomaten garnieren.

NUDELN MIT RUCOLASOSSE

ZUTATEN

400 g Bandnudeln,
40 g Rucola,
125 ml Milch,
125 ml Obers (Sahne),
200 g Gorgonzola,
1 TL Butter,
1 TL gehackte Petersilie,
1 TL Mehl, Salz, Pfeffer

ZUBEREITUNG

Bandnudeln in Salzwasser bissfest kochen. Den Rucola waschen, abtropfen lassen und in Stücke schneiden. Die Butter zergehen lassen und das Mehl einrühren. Anschließend mit Milch aufgießen und fest umrühren. Den geriebenen Gorgonzola, das Obers und die Petersilie unterrühren. Den Rucola unter die gekochten Bandnudeln heben und die Soße darübergießen.

Foto: Corinna Gissemann/www.fotolia.com

PARISER SCHNITZEL MIT RUCOLASOSSE

ZUTATEN

4 Putenschnitzel, 3 Eier, Salz, Pfeffer, Mehl zum Wenden, Öl zum Braten
Soße: 40 g junger Rucola, 1 kleine Zwiebel, 1 EL Olivenöl, 50 ml Weißwein, 200 ml Gemüsebrühe, 125 g Crème fraîche, einige Tropfen Zitronensaft

ZUBEREITUNG

Die Schnitzel klopfen, salzen und pfeffern. In Mehl und verrührten Eiern wenden.
Das Öl in einer Bratpfanne erhitzen und die Schnitzel darin goldbraun braten.
Für die Soße die Zwiebel kleinwürfelig schneiden und in Olivenöl anrösten. Den Weißwein und die Gemüsebrühe zugießen und bis zur Hälfte einkochen lassen. Rucola, Crème fraîche, Salz, Pfeffer und Zitronensaft untermischen und anschließend pürieren.
Die Schnitzel mit der Soße servieren.

SALBEI
(Salvia officinalis)

Das immergrüne Kraut ist nicht nur Heil- und Würzkraut, sondern auch eine Zierde. Bis zu einem Dreiviertelmeter hoch wird die verholzende Pflanze, wenn ihr der Standort zusagt. Und der kann karg sein: trockener, durchlässiger Boden in voller Sonne.

Nur in kleinen Mengen zu Fleisch. Tee gegen Halsschmerzen (gurgeln!) und Zahnfleischentzündungen.

SALBEI-KÄSEAUFSTRICH

ZUTATEN

150 g Gorgonzola,
100 g Butter,
2 TL Sherry,
10 Salbeiblätter,
Salz, Pfeffer

ZUBEREITUNG

Butter schaumig rühren. Mit dem durch eine Kartoffelpresse gedrückten Gorgonzola und dem Sherry zu einer cremigen Masse rühren. Die fein geschnitten Salbeiblätter dazugeben und mit Salz und Pfeffer abschmecken.

GEBACKENE SALBEIMÄUSCHEN

ZUTATEN

30 Salbeiblätter,
125 g Mehl, 1 ganzes Ei,
1 Eiweiß, 2 EL Olivenöl,
etwas Salz,
100 ml eiskaltes Wasser,
Olivenöl zum
Herausbraten

ZUBEREITUNG

Das Mehl in eine Schüssel geben. Salz, Ei und Olivenöl mit dem Mehl vermengen.
Nach und nach das Wasser einrühren. Zum Schluss das steif geschlagene Eiweiß unterheben.
Die trockenen Salbeiblätter in den Backteig tauchen und in Olivenöl knusprig braten.
Auf Küchenpapier abtropfen lassen, salzen und noch heiß servieren.

Zum Aperitif mit einem Glas Prosecco servieren!

SALBEIPOLENTA

ZUTATEN

150 ml Wasser,
150 ml Milch,
2 EL Butter, Salz,
60 g Maisgrieß,
12 fein gehackte
Salbeiblätter, Salz,
Pfeffer, geriebener
Parmesan

ZUBEREITUNG

Wasser, Milch und Salz aufkochen lassen. Den Maisgrieß mit dem Schneebesen unterrühren.
Die Salbeiblätter, den Parmesan und die Butter unterrühren. Mit Salz und Pfeffer abschmecken.
Den Topf vom Herd nehmen und zugedeckt ziehen lassen.

Schmeckt sehr gut zu Fleischgerichten!

SALBEI

SALBEIKARTOFFELN

ZUTATEN

700 g Kartoffeln,
6 Lorbeerblätter,
6 Salbeiblätter,
50 g Butter, Salz
Backtemperatur: 200 Grad
Backzeit: ca. 20 Minuten

ZUBEREITUNG

Die Kartoffeln waschen, schälen und in der Mitte einschneiden. Je ein Lorbeerblatt und ein Salbeiblatt in die Einschnitte stecken. Butter schmelzen und eine Auflaufform damit ausstreichen. Die Kartoffeln mit den Einschnitten nach oben hineinsetzen, mit Fett bestreichen und salzen. Im vorgeheizten Backofen backen. Zwischendurch mit dem restlichen Fett bestreichen.

NUDELN MIT SALBEI-GORGONZOLA-SOSSE

ZUTATEN

500 g Nudeln (Penne),
1 Zwiebel, 1 EL Butter,
100 ml Gemüsebrühe,
100 ml Obers (Sahne),
200 g Gorgonzola,
10 Blätter Salbei,
Salz, Pfeffer, geriebene Muskatnuss

ZUBEREITUNG

Nudeln in Salzwasser bissfest kochen.
Die Butter erhitzen und die fein gehackte Zwiebel darin anrösten. Mit Gemüsebrühe aufgießen. Obers und geriebenen Gorgonzola dazugeben und auflösen. Mit Salz, Pfeffer und Muskatnuss abschmecken und die fein geschnittenen Salbeiblätter einrühren. Mit den Nudeln servieren.

Statt Obers können Sie auch 100 ml Milch und 1 TL Speisestärke verwenden.

SALTIMBOCCA

ZUTATEN

8 dünne Kalbsschnitzel,
Salz, Pfeffer,
8 Salbeiblätter,
8 hauchfeine Scheiben Parmaschinken,
40 g Butter zum Braten,
4 EL Weißwein,
30 g Butter

ZUBEREITUNG

Kalbsschnitzel klopfen, salzen und pfeffern und mit je einem Salbeiblatt und einer Scheibe Parmaschinken belegen. Zusammenklappen und mit einem Zahnstocher befestigen.
Die Butter erhitzen und die Schnitzel darin auf beiden Seiten anbraten. Das Fleisch aus der Pfanne heben und warm stellen. Den Bratensaft mit dem Wein aufkochen lassen, Butter hinzufügen, kurz köcheln lassen und über das Fleisch gießen.

Sehr gut mit Risotto

SALBEILAIBCHEN

ZUTATEN

Laibchen:
1 Tasse warme Milch,
1 alte Semmel (altes Brötchen),
250 g Wurst-Haschee (fein gehackte Wurst),
250 g Faschiertes (Hackfleisch),
1 Knoblauchzehe,
1 Handvoll Salbeiblätter,
1 Ei, Salz, Pfeffer

ZUBEREITUNG

Die Semmel in dünne Scheiben schneiden und in warmer Milch einweichen. Anschließend die Knoblauchzehe, die Salbeiblätter und die eingeweichte Semmel (das eingeweichte Brötchen) pürieren und mit der Fleischmasse vermengen. Das Ei dazugeben und mit Salz und Pfeffer abschmecken. Diesen Teig zu Laibchen formen und in Olivenöl beidseitig knusprig braten.

Am besten mit Tomatensoße servieren.

SCHNITTLAUCH
(Allium schoenoprasum)

Er wächst und wächst und wächst – wenn er einen nährstoffreichen, humusreichen Boden mit Kompost und Hornspänen hat. Ab Ende August nicht mehr schneiden, damit die Pflanze Kraft sammelt. Im Winter Wurzeln durchfrieren lassen.

Schnittlauch schmeckt zu Salat, Suppen und zu vielen anderen Speisen.

SCHNITTLAUCH-AUFSTRICH

ZUTATEN

250 g Topfen (Quark),
1 Knoblauchzehe,
1 Bund Schnittlauch,
3 EL Kürbiskernöl,
1 EL Kürbiskerne,
Salz, Pfeffer

ZUBEREITUNG

Den Topfen mit dem Kürbiskernöl und der zerdrückten Knoblauchzehe verrühren. Mit Salz und Pfeffer abschmecken. Die gehackten und gerösteten Kürbiskerne unter die Topfenmasse rühren. Schwarzbrote mit diesem Aufstrich bestreichen und mit Schnittlauch bestreuen.

SCHNITTLAUCH

EIERAUFSTRICH „FRÜHLINGSBOTE"

ZUTATEN

3 gekochte Eier,
150 g Schinken,
1 Bund Schnittlauch,
3-4 EL Mayonnaise,
Salz, Pfeffer

ZUBEREITUNG

Die Eier klein hacken und den Schinken fein schneiden. Anschließend mit der Mayonnaise verrühren. Mit Salz und Pfeffer abschmecken und den fein geschnittenen Schnittlauch unterrühren.

Statt Mayonnaise können Sie auch Frischkäse verwenden.

SCHNITTLAUCHSOSSE (KALT)

ZUTATEN

125 g Mayonnaise oder Sauerrahm (saure Sahne),
125 g Joghurt,
2 hart gekochte Eier,
2 Bund Schnittlauch,
Salz, Pfeffer,
1 Spritzer Essig

ZUBEREITUNG

Die Mayonnaise mit dem Joghurt verrühren. Die Eier klein hacken, den klein geschnittenen Schnittlauch und den Essig dazugeben. Mit Salz und Pfeffer abschmecken.

Sehr fein schneidet man Schnittlauch mit der Schere.

SCHNITTLAUCH

SCHNITTLAUCHSOSSE (WARM)

ZUTATEN

30 g Butter, 30 g Mehl,
350 ml Gemüsebrühe,
1 Bund Schnittlauch,
125 ml Obers (Sahne),
Salz, Pfeffer

ZUBEREITUNG

Die Butter erhitzen und das Mehl einrühren. Mit der Gemüsebrühe aufgießen. Das Obers dazugeben. Mit Salz und Pfeffer abschmecken und den klein geschnittenen Schnittlauch unterrühren.

MIT SCHNITTLAUCH GEFÜLLTE PALATSCHINKEN

ZUTATEN

4 Eier, 120 g Mehl,
250 ml Milch, Salz,
1 Bund Schnittlauch

ZUBEREITUNG

Eier und Milch verquirlen und mit Salz und Mehl verrühren. In einer Pfanne dünne Palatschinken (Pfannkuchen) backen. Mit Schnittlauch füllen, einrollen und sofort servieren.

Ideale Alternative zu süßen Palatschinken (Pfannkuchen)!

THYMIAN
(Thymus-Arten)

Ob als Kleinstrauch oder bodendeckender Duftrasen – alle haben eines gemein: Sie verwöhnen uns mit betörendem Geruch. In magerem, sandigem Boden ist er ausdauernd, muss aber immer kräftig zurückgeschnitten werden. Besonders reizvoll als Duftrasen.

Thymian kann in kleineren Mengen zu Fleisch und Eintopf verwendet werden. Thymiantee mit Honig hilft bei Husten (krampflösend).

GRIECHISCHES GRILLKOTLETT

ZUTATEN

4 Schweine- oder Lammkoteletts,
100 ml Olivenöl,
2 EL frische Thymianblättchen (oder 2 TL getrockneter Thymian),
2 Knoblauchzehen,
Salz, Pfeffer

ZUBEREITUNG

Die Koteletts salzen und pfeffern. Die Thymianblättchen fein hacken und mit den zerdrückten Knoblauchzehen und dem Olivenöl verrühren. Die Koteletts damit über Nacht marinieren.
Auf dem Holzkohlengrill oder in der Pfanne grillen.

Dazu schmecken Rosmarinkartoffeln ausgezeichnet!

THYMIAN

KARTOFFEL-THYMIAN-RÖSTI

ZUTATEN

500 g Kartoffeln,
1 Stange Lauch,
60 g geriebener Käse,
3 EL Mehl, 2 Eier,
2 TL fein gehackter Thymian, 1 TL getrockneter Thymian,
Salz, Pfeffer,
geriebene Muskatnuss,
Öl zum Braten

ZUBEREITUNG

Den Lauch waschen, putzen und in Ringe schneiden. Die Kartoffeln schälen und grob reiben. Beides vermischen und den geriebenen Käse, die Eier und das Mehl unterrühren. Mit Salz, Pfeffer, Thymian und Muskatnuss würzen. Mit einem Löffel kleine Häufchen aus der Teigmasse stechen und Fladen formen. In einer Pfanne Fett erhitzen und die Fladen darin goldbraun braten.

RINDFLEISCHTOAST „ARTHUR"

ZUTATEN

8 Scheiben Toastbrot,
200 g faschiertes Rindfleisch (Rindergehacktes), eventuell zweimal faschieren (hacken), 1 Ei, 1 kleine Zwiebel, 2 TL Thymian, Senf, Salz, Pfeffer, Butter,
8 Blatt Käse
Backtemperatur: 200 Grad
Backzeit: 10-15 Minuten

ZUBEREITUNG

Die Zwiebel fein reiben. Das Hackfleisch mit Zwiebel, Ei, Senf, Thymian, Salz und Pfeffer vermischen. Die Toastbrotscheiben mit Butter bestreichen. Das gewürzte Hackfleisch darüberstreichen. Eine Scheibe Käse darauflegen und im Backrohr überbacken.

Statt Toastbrot können Sie auch Vollkornweckerln (-brötchen) verwenden.

Kann zum Tee serviert werden.

THYMIANKEKSE

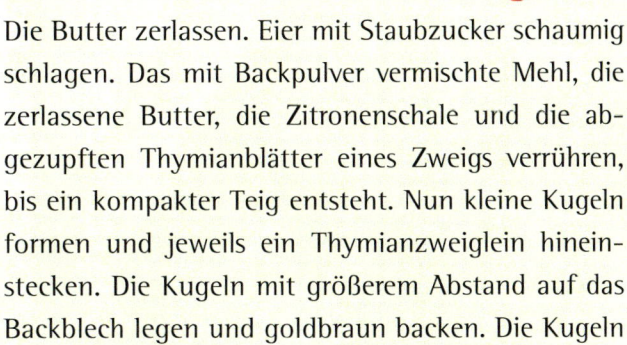

ZUTATEN

ZUBEREITUNG

250 g Staubzucker (Puderzucker),
250 g Butter,
4 Eier, 400 g Weizenmehl,
1 Pkg. Backpulver
Schale einer Zitrone,
einige Zweige Thymian

Backtemperatur: 200 Grad
Backzeit: 15 Minuten

Die Butter zerlassen. Eier mit Staubzucker schaumig schlagen. Das mit Backpulver vermischte Mehl, die zerlassene Butter, die Zitronenschale und die abgezupften Thymianblätter eines Zweigs verrühren, bis ein kompakter Teig entsteht. Nun kleine Kugeln formen und jeweils ein Thymianzweiglein hineinstecken. Die Kugeln mit größerem Abstand auf das Backblech legen und goldbraun backen. Die Kugeln zerrinnen beim Backen zu Talern.

KRÄUTER GEMISCHT

KRÄUTERBUTTER

ZUTATEN

125 g Butter, gehackte Kräuter (Petersilie, Schnittlauch, Kerbel, Dill, Thymian), 1 Knoblauchzehe, Salz, Pfeffer, Zitronensaft

ZUBEREITUNG

Die weiche Butter cremig rühren und die Kräuter sowie die zerdrückte Knoblauchzehe untermischen. Mit Zitronensaft, Salz und Pfeffer abschmecken. Die fertige Kräuterbutter in einen Dressiersack füllen, kleine Häufchen auf ein Backpapier spritzen und im Kühlschrank fest werden lassen.

KRÄUTER-SCHINKENAUFSTRICH

ZUTATEN

250 g Topfen (Quark), 2 EL Sauerrahm (saure Sahne), 1 kleine Zwiebel, 1 EL frisch geriebener Kren (Meerrettich), Kräutersalz, 2 EL fein gehackte Kräuter (Petersilie, Schnittlauch), 50 g klein geschnittener Schinken

ZUBEREITUNG

Die Zwiebel fein hacken und mit dem Topfen und dem Sauerrahm verrühren. Den klein geschnittenen Schinken und die Kräuter dazugeben.
Mit Kräutersalz und frisch geriebenem Kren abschmecken.

KRÄUTER GEMISCHT

KRÄUTER-TOPFENKÄSE „KAROLINE"

ZUTATEN

250 g Topfen (Quark),
2 EL Sauerrahm (saure Sahne), 1 kleine Zwiebel,
1 EL frisch geriebener Kren (Meerrettich),
Kräutersalz, 2 EL fein gehackte Kräuter (Petersilie, Schnittlauch),
50 g klein geschnittener Schinken

ZUBEREITUNG

Den Topfen mit dem Sauerrahm verrühren. Die fein gehackten Kräuter unterrühren. Mit Kräutersalz abschmecken.

Mit Vollkornbrot servieren. Eignet sich auch gut als Dip zu Karotten und Gurken!

KRÄUTERPRALINEN

ZUTATEN

200 g Frischkäse,
2 Zehen Knoblauch,
Salz, Pfeffer,
1 Spritzer Essig,
2 Handvoll Kräuter zum Wälzen, Paprikapulver zum Bestreuen

ZUBEREITUNG

Den Frischkäse mit dem zerdrückten Knoblauch, Salz, Pfeffer und Essig verrühren und kleine Bällchen formen. Anschließend in einer Schüssel die frisch gehackten Kräuter vermischen und die Bällchen darin rollen. Bunte Käsebällchen erhalten Sie, wenn Sie diese in fein gehackten Karotten (Möhren), Paprikapulver, Kürbis- oder Sonnenblumenkernen oder Sesam wälzen.

Ideal als Brotaufstrich bei kaltem Buffet!

KRÄUTER GEMISCHT

KRÄUTERTERRINE

ZUTATEN

500 g Frischkäse,
250 ml Gemüsebrühe,
7 Blatt Gelatine,
2 Tomaten, 1 EL gehackte Kräuter (Basilikum, Dill, Kerbel, Petersilie),
Salz, Pfeffer

ZUBEREITUNG

Eine Terrinenform mit Öl ausstreichen und mit Frischhaltefolie auslegen. Tomaten häuten und kleinwürfelig schneiden. Gelatine in kaltem Wasser einweichen. Die Gelatine in heißer Gemüsebrühe auflösen. Etwas abkühlen lassen und mit dem Frischkäse, den Tomatenwürfeln und den Kräutern vermischen. Mit Salz und Pfeffer abschmecken. Die Masse in die Terrinenform geben, mit Frischhaltefolie abdecken und über Nacht im Kühlschrank fest werden lassen. Vor dem Servieren in dünne Scheiben schneiden und mit Kräutern dekorieren.

KRÄUTERSCHAUM-SÜPPCHEN

ZUTATEN

1 mittelgroße Zwiebel,
50 g mehlige Kartoffeln,
2 EL Butter,
750 ml Gemüsebrühe,
125 ml Weißwein,
1 Handvoll gehackte Kräuter, 100 g Crème fraîche, Salz, Pfeffer

ZUBEREITUNG

Zwiebel und Kartoffeln schälen, grob würfeln und in Butter anrösten. Mit Wein und Gemüsebrühe aufgießen und zugedeckt köcheln lassen, bis die Kartoffeln weich sind. Anschließend Kräuter und Crème fraîche zur Suppe geben, kurz aufkochen lassen und pürieren. Mit Salz und Pfeffer abschmecken.

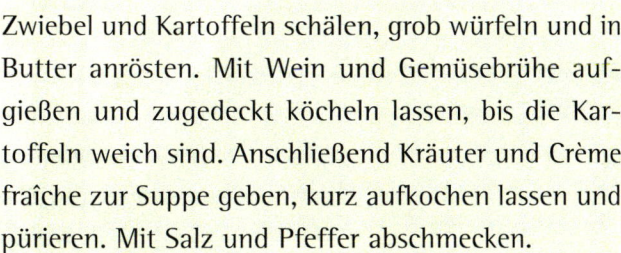

Die Suppe bekommt eine besonders schöne grüne Farbe, wenn Sie Spinatblätter mit den Kräutern verarbeiten.

KRÄUTER GEMISCHT

KRÄUTERFRITTATEN

ZUTATEN

250 ml Milch, 1 Ei,
100 g Mehl,
3 EL gehackte Kräuter
(Dill, Oregano, Petersilie,
Schnittlauch), 20 g Fett

ZUBEREITUNG

Kalte Milch und Mehl glatt verquirlen. Ei, Salz und Kräuter einrühren. In einer Pfanne Fett erhitzen und Palatschinken backen. Anschließend einrollen und in dünne (ca. 2 mm breite) Streifen schneiden. Als Suppeneinlage servieren.

Können auch als Kräuterpalatschinken (-pfannkuchen) serviert werden.

GEFÜLLTE WINDBÄLLCHEN

ZUTATEN

125 ml Wasser,
120 g Butter, eine Prise
Salz, 150 g Mehl,
4 Eier
Füllung: 750 g Schinken,
2 Knoblauchzehen,
je 1 TL Schnittlauch,
Petersilie, 100 g Doppelrahmfrischkäse,
1 TL Paprikapulver
Backtemperatur: 250 Grad
Backzeit: 20–30 Minuten

ZUBEREITUNG

Wasser mit Fett und Salz aufkochen. Mehl unter Rühren dazugeben und den Topf vom Herd nehmen. Nach und nach die Eier einrühren, bis sich der Teig vom Topfboden löst. Die Masse in einen Spritzbeutel füllen und auf Backpapier Bällchen spritzen. Im Backrohr backen. Sobald die Bällchen hellgelb sind, auf 200 Grad zurückschalten. Während der Backzeit das Backrohr nicht öffnen! Für die Kräuterfüllung den Schinken sehr klein schneiden und mit den zerdrückten Knoblauchzehen, den Kräutern, dem Paprikapulver und dem Doppelrahmfrischkäse verrühren. Mit Salz und Pfeffer abschmecken. Die ausgekühlten Windbällchen waagrecht einschneiden und mit der Schinken-Kräuterfüllung füllen.

KRÄUTER GEMISCHT

Ideal für ein kaltes Buffet.

GEFÜLLTE TOMATEN

ZUTATEN

1 kg Tomaten,
200 g Hüttenkäse,
3 grüne Paprika,
2 EL verschiedene Kräuter (Basilikum, Dill, Petersilie, Thymian), Salz

ZUBEREITUNG

Die Tomaten waagrecht halbieren und aushöhlen. Das Tomatenfleisch und die entkernten Paprikaschoten sehr fein hacken. Den Hüttenkäse mit dem Tomaten-Paprikagemisch und den Kräutern verrühren. Eventuell mit Salz abschmecken. Die ausgehöhlten Tomaten mit der Mischung füllen.

KRÄUTER-KÄSE-GEBÄCK

ZUTATEN

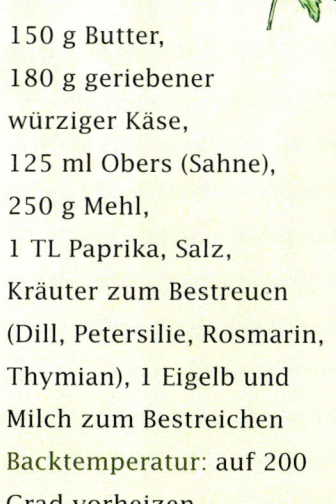

150 g Butter,
180 g geriebener würziger Käse,
125 ml Obers (Sahne),
250 g Mehl,
1 TL Paprika, Salz,
Kräuter zum Bestreuen (Dill, Petersilie, Rosmarin, Thymian), 1 Eigelb und Milch zum Bestreichen
Backtemperatur: auf 200 Grad vorheizen
Backzeit: 10–12 Minuten

ZUBEREITUNG

Aus Mehl, Butter, Käse, Obers, Paprika und Salz einen Teig kneten und ca. 1 Stunde im Kühlschrank rasten (ruhen) lassen. Den Teig anschließend dünn ausrollen. Formen ausstechen und auf ein mit Backpapier belegtes Backblech legen. Mit Eigelb und Milch bestreichen und mit den Kräutern bestreuen. Auf der untersten Backschiene backen, damit die Kräuter nicht verbrennen.

Verschiedene Plätzchenausstecher verwenden.

KRÄUTER GEMISCHT

ZUTATEN

500 g Mehl, 2 Eier, Salz, 1 EL Öl,
125 ml Wasser
Füllung: 1 kleine, fein gehackte Zwiebel, 2 EL Semmelbrösel (Paniermehl), 1 Ei, 250 g Topfen (Quark),
2 EL Kräuter (Kerbelkraut, Majoran, Petersilie, Schnittlauch)

KRÄUTERRAVIOLI

ZUBEREITUNG

Aus Mehl, Eiern, Salz, Öl und Wasser einen glatten Nudelteig zubereiten und 1/2 Stunde rasten (ruhen) lassen. Zwiebel, Semmelbrösel, Topfen, Ei und Kräuter gut verrühren. Den Nudelteig dünn auswalken und kleine Scheiben ausstechen. In die Mitte jeder Scheibe einen TL der Kräuterfüllung setzen. Die Teigränder mit Wasser bestreichen, zu Halbkreisen zusammenklappen und mit einer Gabel die Ränder eindrücken. Die Nudeln in kochendes Salzwasser einlegen und kochen lassen, bis sie an der Oberfläche schwimmen. Mit zerlassener Butter servieren.

Die Kräuterravioli lassen sich gut einfrieren!

ZUTATEN

1 Pkg. Blätterteig,
150 g Schinken,
1 kleine Zwiebel,
1 Ei, 1 EL Olivenöl,
40 g gehackte Kräuter,
250 g Frischkäse,
Salz, Pfeffer,
Backtemperatur: 180 Grad
Backzeit: ca. 20 Minuten

KRÄUTERTÄSCHCHEN

ZUBEREITUNG

Das Backrohr vorheizen. Die fein gehackte Zwiebel und den klein geschnittenen Schinken in Olivenöl anrösten. Mit Salz und Pfeffer würzen und auskühlen lassen. Anschließend mit Frischkäse abmischen und die frisch gehackten Kräuter unterrühren. Den Blätterteig ausrollen und mit einem runden Ausstecher (ca. 10 cm Durchmesser) Teigplatten ausstechen. Die Ränder mit Ei bestreichen, einen Esslöffel Schinken-Käse-Mischung in die Teigmitte geben und zu Halbkreisen zusammenklappen. Ränder gut andrücken! Die Täschchen mit Ei bestreichen und im Backrohr goldbraun backen.

KRÄUTER GEMISCHT

KRÄUTER-LACHS-QUICHE

ZUTATEN

1 Pkg. Blätterteig,
80 g Räucherlachs,
1 kleine Zwiebel,
1 EL Butter, 2 EL fein gehackte Kräuter (Dill, Petersilie, Schnittlauch),
125 ml Obers (Sahne),
2 Eier, Salz, Pfeffer
Backtemperatur: 200 Grad
Backzeit: den Teigboden 15 Minuten backen

ZUBEREITUNG

Das Backrohr vorheizen. Den Blätterteig ausrollen und in eine befettete Quicheform drücken. Mit einer Gabel einstechen und vorbacken. Für die Füllung die fein geschnittene Zwiebel in Butter glasig dünsten und mit dem in Streifen geschnittenen Lachs und den Kräutern vermischen. Die Lachsfülle auf dem vorgebackenen Tortenboden verstreichen. Obers und Eier verquirlen und mit Salz und Pfeffer würzen. Über die Füllung gießen und im Backrohr goldgelb backen.

KRÄUTERQUICHE „ULLI"

ZUTATEN

200 g Mehl, 100 g Butter, etwas kaltes Wasser
Füllung: 4 Eier, 200 g klein geschnittener Schinken,
125 g geriebener Käse,
250 ml Sauerrahm (saure Sahne), Salz, Pfeffer,
2 EL gehackte Kräuter (Dill, Petersilie, Schnittlauch)
Backtemperatur: 200 Grad
Backzeit: ca. 40 Minuten

ZUBEREITUNG

Aus Mehl, Butter und kaltem Wasser einen Teig kneten und ca. eine halbe Stunde im Kühlschrank rasten lassen. Die Eier mit dem Sauerrahm, Salz, Pfeffer und Käse verrühren. Den Schinken und die Kräuter unterheben. Anschließend eine Quiche- oder Tortenform mit dem Teig auslegen und die Füllung daraufgeben. Im Backrohr hellbraun backen.

Mit Blattsalat servieren.

KRÄUTER GEMISCHT

KRÄUTERWECKERLN

ZUTATEN

1 Pkg. Trockengerm (-hefe), 2 EL lauwarmes Wasser, 250 g glattes Mehl (D: Type 405),
1 TL Salz, 1 TL Backpulver, 30 g Butter,
125 ml Buttermilch,
3 EL fein gehackte Kräuter, Kräutersalz
Backtemperatur: 200 Grad
Backzeit: ca. 25 Minuten

ZUBEREITUNG

Die Germ in lauwarmem Wasser auflösen. Mehl mit Salz und Backpulver vermischen und die Butter einrühren. Die Buttermilch und die aufgelöste Germ daruntermischen. Die Zutaten zu einem festen Teig schlagen und kurz gehen lassen. Die Kräuter unterkneten.
Den Teig in zwölf Stücke teilen und kleine Weckerln daraus formen.
Nochmals auf dem Backblech gehen lassen. Vor dem Backen mit Wasser bestreichen und mit Kräutersalz bestreuen. Im Backrohr goldbraun backen.

ZUTATEN

250 g Sauerrahm (Saure Sahne), 250 g Joghurt,
Salz, Pfeffer,
1 Knoblauchzehe,
5 EL gehackte Kräuter (Petersilie, Dill, Schnittlauch)

KALTE KRÄUTERSOSSE

ZUBEREITUNG

Sauerrahm mit Joghurt, der zerdrückten Knoblauchzehe und den Kräutern verrühren und mit Salz und Pfeffer abschmecken.

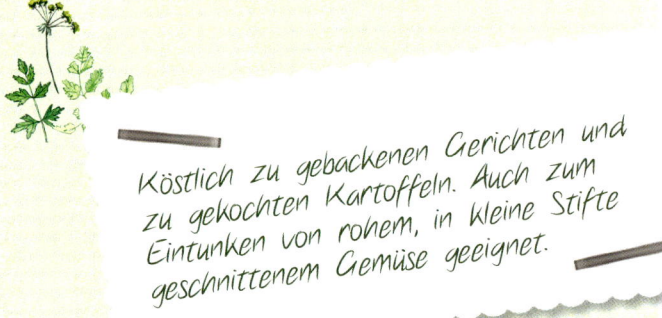

Köstlich zu gebackenen Gerichten und zu gekochten Kartoffeln. Auch zum Eintunken von rohem, in kleine Stifte geschnittenem Gemüse geeignet.

KRÄUTER GEMISCHT

WARME KRÄUTERSOSSE

ZUTATEN

125 ml Gemüsebrühe,
125 ml Obers (Sahne),
1 TL Speisestärke,
1 EL kaltes Wasser,
4 EL gehackte Kräuter
(Kerbel, Petersilie,
Schnittlauch),
1 EL Butter, etwas
Zitronensaft, Salz,
Pfeffer

ZUBEREITUNG

Die Gemüsebrühe mit dem flüssigen Obers aufkochen lassen. Speisestärke mit Wasser verrühren und in die Soße gießen. Unter ständigem Rühren erhitzen. Die Butter und die gehackten Kräuter in die Soße einrühren und mit Salz, Pfeffer und Zitronensaft abschmecken.

EINFACHE KRÄUTERSOSSE

ZUTATEN

3 EL Mehl, 4 EL
Butter, 500 ml Milch,
Salz, Pfeffer, Zitronensaft
nach Geschmack,
Kräuter (Basilikum, Dill,
Petersilie, Schnittlauch)

ZUBEREITUNG

Butter erhitzen und Mehl einrühren. Mit kalter Milch aufgießen und fest mit dem Schneebesen verrühren. Salz und Pfeffer dazugeben, die fein gehackten Kräuter und den Zitronensaft einrühren.

Kräuter immer erst zum Schluss dazugeben, das Aroma bleibt somit erhalten.

KRÄUTER GEMISCHT

GRÜNE SOSSE „WEIMARER ART"

ZUTATEN

2 Eier, 1 kleine Zwiebel,
1 kleine Knoblauchzehe,
1 EL Zitronensaft,
1/2 TL Senf, 2 EL Öl,
125 g Crème fraîche,
100 ml Obers (Sahne),
je 1 EL Borretsch, Dill, Estragon, Kerbel, Petersilie, Pimpinelle, Sauerampfer, Schnittlauch, Zitronenmelisse, Salz, Pfeffer, Zucker

ZUBEREITUNG

Die Eier hart kochen, schälen und das Eigelb durch ein feines Sieb streichen.
Das Eiweiß, die Zwiebel und den Knoblauch hacken und mit Zitronensaft, Eigelb, Senf und Öl verrühren. Crème fraîche, Obers und die Kräuter ebenfalls unterrühren.
Mit Salz, Pfeffer und Zucker abschmecken.

KRÄUTERMARINADE

ZUTATEN

1 kleine Zwiebel,
je 1 Bund Schnittlauch und Petersilie, einige
Blätter Basilikum,
125 ml Weinessig,
Salz, Pfeffer, etwas Senf,
125 ml Öl, etwas Wasser

ZUBEREITUNG

Die Zwiebel fein hacken und mit den fein geschnittenen Kräutern, dem Weinessig, Salz, Pfeffer, Senf und Wasser verrühren. Das Öl mit dem Schneebesen unterrühren.

Passt sehr gut als Marinade zu Blattsalaten.

KRÄUTER GEMISCHT

NUDELN MIT KRÄUTER-PESTO

ZUTATEN

500 g Nudeln (Bandnudeln, Spaghetti),
2 Handvoll Basilikumblätter,
1 Bund Schnittlauch,
1 EL Rosmarinnadeln,
1 TL Salz, 2 EL Pinienkerne, 4 EL Olivenöl

ZUBEREITUNG

Die Pinienkerne, die fein gehackten Rosmarinnadeln und das Öl mit dem Mixstab pürieren. Das fein geschnittene Basilikum und den fein geschnittenen Schnittlauch dazurühren. Die Nudeln bissfest kochen, die Soße untermengen und mit geriebenem Parmesan bestreuen.

SPAGHETTI MIT SCHINKEN-KRÄUTER-SOSSE

ZUTATEN

Spaghetti, 250 g Selchschinken,
1/2 Zwiebel, Salz, Pfeffer, Thymian, Oregano,
250 ml Obers (Sahne),
125 ml Weißwein,
2 Eigelb, 4 EL frisch geriebener Parmesan,
Olivenöl

ZUBEREITUNG

Spaghetti kochen. Den Schinken in Streifen schneiden und mit der fein gehackten Zwiebel in Olivenöl anrösten. Mit Weißwein ablöschen und die Hälfte des Obers dazugeben. Mit Salz, Pfeffer und den Kräutern würzen und ca. 2 Minuten köcheln lassen. Den Parmesan dazurühren. Eigelb mit dem restlichen Obers verrühren und unter die Soße rühren. Anschließend über die Spaghetti gießen und servieren.

KRÄUTER GEMISCHT

KARTOFFEL-KRÄUTER-GRATIN

ZUTATEN

500 g Kartoffeln,
4 Tomaten, 4 kleine Zucchini, 2 zerdrückte Knoblauchzehen,
1 EL Mehl, 1 EL Butter,
125 ml Milch, eine Prise geriebene Muskatnuss,
Salz, Pfeffer, Rosmarin und Thymian, Fett für die Auflaufform
Backtemperatur: 180 Grad
Backzeit: ca. 35 Minuten

ZUBEREITUNG

Backrohr vorheizen. Tomaten, Zucchini und die geschälten Kartoffeln in dünne Scheiben schneiden. Eine Auflaufform mit Butter ausstreichen und die zerdrückten Knoblauchzehen in der Form verteilen. Die Kartoffel-, Zucchini- und Tomatenscheiben in die Auflaufform schichten. Mit Salz und Pfeffer würzen und die Kräuter darüberstreuen. Aus Butter, Mehl und Milch eine Bechamelsoße zubereiten, über das Gemüse gießen und im Backrohr backen.

KRÄUTERKARTOFFELN AUS DEM BACKROHR

ZUTATEN

800 g rohe Kartoffeln
2 EL Kümmel
1 TL Kräutersalz
2 EL gehackte Kräuter (Kerbel, Petersilie, Schnittlauch, Majoran)
Öl für das Backblech
Bcktemperatur: 180 Grad
Backzeit: ca. 30 Minuten

ZUBEREITUNG

Die Kräuter mit dem Kümmel vermischen. Die Kartoffeln waschen, halbieren und mit der Schnittfläche in das Kräuter-Kümmel-Gemisch tauchen. Mit der Schnittfläche nach unten auf ein befettetes Backblech setzen. Die Kartoffeln mit Öl bepinseln und die restliche Kräutermischung darüberstreuen. Im Backrohr knusprig braten.

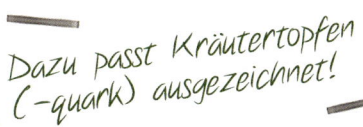

Dazu passt Kräutertopfen (-quark) ausgezeichnet!

KRÄUTER GEMISCHT

HAFERFLOCKENLAIBCHEN „KRÄUTERGARTEN"

ZUTATEN

8 EL Haferflocken,
8 EL geriebener Goudakäse, 5 EL Milch,
1 Ei, Salz, Pfeffer,
1 Handvoll fein gehackte Kräuter (Basilikum, Dill, Kerbel, Petersilie)

ZUBEREITUNG

Die Haferflocken in Milch quellen lassen und anschließend mit den Zutaten vermengen. Laibchen formen und in einer Pfanne goldgelb braten.

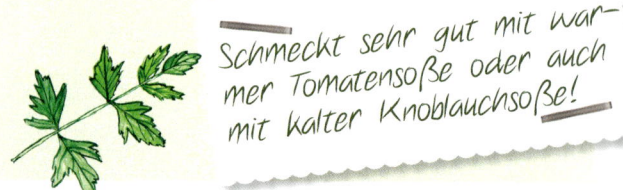

Schmeckt sehr gut mit warmer Tomatensoße oder auch mit kalter Knoblauchsoße!

KRÄUTEROMELETTE

ZUTATEN

3 Eier, 1 EL Obers (Sahne),
Butter zum Braten, Salz, Pfeffer,
gehackte Kräuter (Basilikum, Dill, Petersilie, Schnittlauch)

ZUBEREITUNG

Kräuter waschen und fein hacken. Eier in eine Schüssel schlagen und mit den Kräutern und dem Obers vermischen. Mit Salz und Pfeffer abschmecken.
Ein wenig Öl in einer Pfanne erhitzen. Die Eiermasse in die sehr heiße Pfanne gießen und braten, bis die Omelette stockt. Kurz einen Deckel auf die Pfanne geben, damit die Omelette gut aufgeht. Vor dem Servieren eventuell mit geriebenem Parmesan bestreuen.

Die Omelette kann auch mit Schinken gefüllt werden!

KRÄUTERRISOTTO

ZUTATEN

200 g Risottoreis,
1 kleine Zwiebel,
3 EL Öl, 100 ml
Weißwein, 1/2 Liter
Gemüsebrühe,
5 EL Kräuter
(Basilikum, Kerbel,
Petersilie), 1 EL
geriebener Parmesan

ZUBEREITUNG

Die Zwiebel kleinwürfelig schneiden und in Olivenöl anschwitzen. Den Reis dazugeben und kurz mitrösten. Wein und Gemüsebrühe verrühren und in kleinen Portionen zum Reis gießen. Die Flüssigkeit soll dazwischen immer wieder verdampfen. Wenn die Reiskörner leicht kernig sind, die gehackten Kräuter und den Parmesan in das Risotto einrühren und zugedeckt kurz ziehen lassen.

SERVIETTENKNÖDEL „KRÄUTERGARTEN"

ZUTATEN

3 harte Semmeln
(Brötchen), Salz,
125 ml lauwarme Milch,
2 Eigelb, 2 Eiweiß,
3 EL Mehl, 2 EL Kräuter
(Basilikum,
Petersilie, Schnittlauch,
Thymian)

ZUBEREITUNG

Die Semmeln in kleine Würfel schneiden und mit Salz, Milch und Eigelb verrühren.
Das Eiweiß zu Schnee schlagen und mit dem Mehl und den Kräutern unter die geschnittenen Semmeln heben. Die Masse in Alufolie wickeln und an den Enden verschließen.
20 Minuten in Wasser kochen lassen.

KRÄUTER GEMISCHT

KRÄUTER-ZUCCHINI

ZUTATEN

4 mittelgroße Zucchini,
2 EL Olivenöl,
4 Knoblauchzehen,
4 EL gehackte Kräuter
(Basilikum, Kerbel,
Petersilie, Schnittlauch)
Backtemperatur: 200 Grad
Backzeit: ca. 10 Minuten

ZUBEREITUNG

Die Zucchini waschen und längs halbieren. Die Zucchinihälften auf der Innenseite mit einer Gabel mehrmals einstechen und salzen. Mit zerdrücktem Knoblauch bestreichen und mit Olivenöl beträufeln. Die fein gehackten Kräuter auf die Zucchinihälften streichen und die Zucchini wieder zu einem Ganzen zusammensetzen. In Alufolie wickeln und im Backrohr grillen.

Dieses Gericht kann auch auf dem Griller zubereitet werden.

KRÄUTERSPÄTZLE

Wenn Sie kein Spätzlesieb zur Hand haben, können Sie die Spätzle auch von einem mit Öl bestrichenen Brett mit einem Messer direkt ins kochende Wasser schaben.

ZUTATEN

250 g griffiges Mehl
(D: Type 405), 2 Eier, Salz
und Pfeffer, eine Prise
geriebene Muskatnuss,
125 ml Milch, 2 EL gehackte Kräuter (Basilikum, Dill,
Petersilie, Schnittlauch),
fein geraspelter würziger
Käse zum Bestreuen,
2 Zwiebeln

ZUBEREITUNG

Mehl und Eier in eine Schüssel geben und mit Salz, Pfeffer und Muskatnuss würzen. Milch und Kräuter beimengen und mit einem Kochlöffel zu einem Teig verrühren. In einem Topf Salzwasser zum Kochen bringen und den Teig durch ein Spätzlesieb in das kochende Wasser hobeln. Die Spätzle leicht kochen lassen, bis sie an der Wasseroberfläche schwimmen. Dann in einem Sieb abseihen und abtropfen lassen. Anschließend in eine Auflaufform füllen, mit dem Käse bestreuen und im heißen Backrohr kurz überbacken. Die Zwiebeln in feine Ringe schneiden, in Butter goldbraun rösten und vor dem Servieren über die Spätzle verteilen. Eventuell noch mit frisch geriebenem Pfeffer oder gebratenen Speckwürfeln bestreuen.

KRÄUTER GEMISCHT

GEFÜLLTES KRÄUTERHUHN

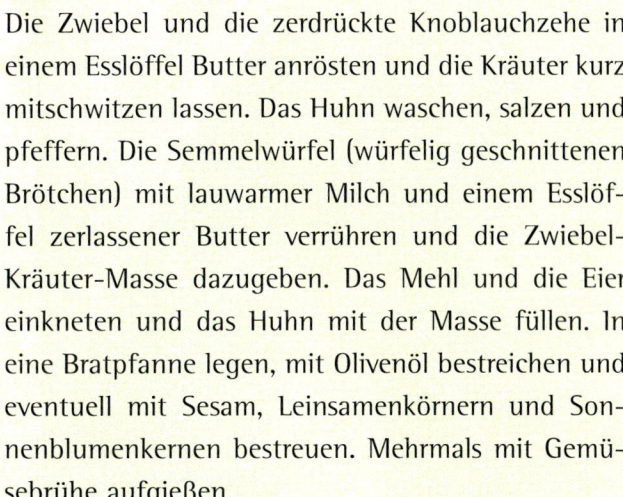

ZUBEREITUNG

Die Zwiebel und die zerdrückte Knoblauchzehe in einem Esslöffel Butter anrösten und die Kräuter kurz mitschwitzen lassen. Das Huhn waschen, salzen und pfeffern. Die Semmelwürfel (würfelig geschnittenen Brötchen) mit lauwarmer Milch und einem Esslöffel zerlassener Butter verrühren und die Zwiebel-Kräuter-Masse dazugeben. Das Mehl und die Eier einkneten und das Huhn mit der Masse füllen. In eine Bratpfanne legen, mit Olivenöl bestreichen und eventuell mit Sesam, Leinsamenkörnern und Sonnenblumenkernen bestreuen. Mehrmals mit Gemüsebrühe aufgießen.

ZUTATEN

1 Huhn, 4 EL gehackte Kräuter (Oregano, Petersilie, Rosmarin, Thymian), 150 g Semmelwürfel (würfelig geschnittene Brötchen), 1 Knoblauchzehe, Salz, Pfeffer, 2 EL Olivenöl, 1 kleine Zwiebel, 2 Eier, 2 EL Mehl, Öl zum Rösten, 125 ml lauwarme Milch
Backtemperatur: 180 Grad
Backzeit: ca. 1 1/2 Stunden

MARINIERTES HUHN

ZUBEREITUNG

Aus Öl, Zitronensaft, dem zerdrückten Knoblauch und den Kräutern eine Marinade zubereiten. Die Hühnerkeulen salzen und in der Kräutermarinade über Nacht ziehen lassen. Im Backrohr grillen. Dabei immer wieder mit Marinade bestreichen.

ZUTATEN

4 Hühnerkeulen, Saft einer Zitrone, jeweils 1 TL Kräuter (Dill, Majoran, Oregano, Petersilie, Thymian), Salz, Pfeffer, 2 Knoblauchzehen 125 ml Öl
Backtemperatur: 180 Grad
Backzeit: ca. 35 Minuten

Lässt sich leicht für einen Grillabend vorbereiten!

KRÄUTER GEMISCHT

KRÄUTERSCHNITZEL „TANTE GRETI"

ZUTATEN

4 Putenschnitzel,
Salz, Pfeffer, Mehl zum Wenden, Fett zum Braten, gehackte Kräuter (Basilikum, Dill, Petersilie, Rosmarin), 250 ml Obers (Sahne), 1 Schuss Cognac

ZUBEREITUNG

Die Putenschnitzel klopfen, salzen und pfeffern. In einer Pfanne Butter erhitzen. Die Schnitzel auf einer Seite in Mehl tauchen und in der Pfanne beidseitig braun braten. Mit Cognac löschen und das Obers einrühren. Die gehackten Kräuter dazugeben und alles aufkochen lassen, bis eine sämige Soße entsteht.

Mit Basmati-Reis servieren.

SCHWEINEFILET IM KRÄUTERMANTEL

ZUTATEN

4 Schweinefilets,
2 Knoblauchzehen, Salz, Pfeffer, Öl zum Braten
Kräuterschnee: 2 Eiweiß, 1 TL scharfer Senf, 1 EL gehackte Kräuter (Rosmarin, Salbei, Thymian), 1 EL feine Semmelbrösel (Paniermehl), Salz, Pfeffer
Backtemperatur: 200 Grad auf Grillstellung
Backzeit: ca. 5 Minuten

ZUBEREITUNG

Die Schweinefilets salzen, pfeffern und mit dem zerdrückten Knoblauch bestreichen.
In heißem Fett auf beiden Seiten anbraten. Das Eiweiß mit einer Prise Salz zu steifem Schnee schlagen. Senf, Kräuter, Salz, Pfeffer und die Brösel einrühren.
Die Medaillons dünn mit Senf bestreichen, den Kräuterschnee gleichmäßig darauf verteilen und im Backrohr überbacken.

KRÄUTER GEMISCHT

KRÄUTER-KASPRESSKNÖDEL

ZUTATEN

150 g Semmelwürfel (in kleine Würfel geschnitte Brötchen), 150 g gekochte Kartoffeln, 1 Ei, 1/4 l lauwarme Milch, 100 g würziger Käse, 1 TL Olivenöl, 1 große Zwiebel, Salz, Pfeffer, geriebene Muskatnuss, 3 EL gehackte Kräuter (Schnittlauch, Petersilie, Basilikum, Dill), 2 EL Mehl, 4 TL Öl zum Braten

ZUBEREITUNG

Die Kartoffeln durch die Kartoffelpresse drücken und mit den Semmelwürfeln, der Milch und dem Ei gut vermischen. Die fein gehackte Zwiebel und die Kräuter in Olivenöl kurz anrösten und mit der Kartoffel-Semmelwürfelmasse vermengen. Den Käse kleinwürfelig schneiden und mit dem Mehl unter die Masse mischen. Laibchen formen und in Olivenöl beidseitig knusprig braten.

Mit Blattsalaten servieren!

KRÄUTER-SCHINKEN-KIPFERLN „KARIN"

ZUTATEN

Teig: 250 g glattes Mehl (D: Typ 405), 250 g Butter, 250 g Magertopfen (-quark) eine Prise Salz
Füllung: 200 g Schinken, 200 g geriebener Käse, 1 Esslöffel Crème fraîche, Salz, Pfeffer, 2 Esslöffel Kräuter, (Oregano, Petersilie, Basilikum), 1 Eigelb zum Bestreichen
Backtemperatur: 200 Grad
Backzeit: ca. 20 Minuten

ZUBEREITUNG

Mehl, Butter, Topfen und Salz zu einem Teig kneten und 3 Stunden kühl stellen. Den Schinken klein schneiden und mit dem Käse, der Crème fraîche und den Kräutern verrühren. Mit Salz und Pfeffer würzen. Den Teig auswalken und daraus ca. 10 x 10 cm große Quadrate schneiden. In eine Teigecke einen Teelöffel der Füllung geben und zu einem Kipferl (Hörnchen) rollen. Die Kipferln auf ein mit Backpapier belegtes Backblech legen und mit Eigelb bestreichen. Im Backrohr goldgelb backen.

WILDKRÄUTERREZEPTE

ZUTATEN

500g Mehl, 1 Pkg. Trockengerm,
1 gehäufter Tl Salz,
60 g zerlassene Butter,
1/8l Milch, 1/8l Wasser,
4 El kleingeschnittene Gundelrebe
oder 2 El getrocknete Gundelrebe
Backtemperatur: 230 Grad Ober- und Unterhitze
Backzeit: 10 Minuten

GUNDELREBEN-WECKERL

ZUBEREITUNG

Mehl mit Germ, Salz und zerlassener Butter vermischen. Wasser und Milch dazugeben und kräftig durchkneten. Gundelrebe, getrocknete mit den Fingern fein rebeln, zum Teig geben und noch einmal so lange kneten bis der Teig gut durchmischt ist.

Getrocknete Gundelrebe ist geschmacksintensiver als frische!

ZUTATEN

Blätter nach Wahl vom Löwenzahn, Spitzwegerich, Kerbel, Sauerampfer, Bärlauch, Giersch, Gartenschaumkraut, Schafgarbe, Vogelsternmiere, Klettenlabkraut Knoblauchrauke, kleiner Wiesenknopf oder echtem Nelkenwurz und Blüten von der Taubnessel, Gänseblümchen oder Veilchen, Salatblätter von Lollo Rosso und Lollo Bianco
Für die Honigvinaigrette: 2 El Obstessig, 2 El Zitronensaft, 1-2 Tl Honig, 6 El Öl (diese Angabe auf die Salatmenge abstimmen)

WIESENSALAT

ZUBEREITUNG

Die Zutaten gut verrühren und abschmecken. Salat, Kräuter und Blüten sorgfältig waschen und erst kurz vor dem Servieren mit der Honigvinaigrette marinieren. Blüten über den Salat streuen.

Kleine Blütenknospen vom Löwenzahn kurz in Butter anbraten, salzen und ebenfalls über den Salat streuen.

WILDKRÄUTERREZEPTE

ZUTATEN

200g Brennnesselblätter und Taubnesselblätter (ca. 2/3 Brennnessel- und 1/3 Taubnessel), 1l Flüssigkeit entweder Brennnesselsud, Spargelsud oder Wilde Möhren und Giersch-Sud, eventuell auch Gemüsesud, 50g Butter, 1 kleine Zwiebel, 1 Knoblauchzehe, 1 großer El Mehl, Etwas Obers, Salz, Pfeffer, Muskat, etwas Milch und Gänseblümchenblüten zum Verzieren

BRENN- UND TAUBNESSELSUPPE

ZUBEREITUNG

Brennnessel- und Taubnesselblätter abzupfen und gut waschen. Wasser zum Kochen bringen und die Blätter darin blanchieren. Blätter abgießen (Kochwasser auffangen) und grob hacken. Zwiebel in Würfel oder Ringe schneiden, Knoblauch klein hacken und in der Butter anschwitzen. Mit Mehl bestäuben und mit dem Sud aufgießen. Glattrühren und aufkochen. Brennnesselblätter dazugeben und nochmals durchkochen und anschließend im Mixgerät mit Obers fein pürieren und mit den Gewürzen gut abschmecken mit Milchhäubchen und Gänseblümchenblüten nett verzieren.

ZUTATEN

250g Frühlingsgemüse fertig geputzt, in mundgerechten Stücken, z. B. Karotte, Kohlrabi, Frühlingszwiebel,
250 g Eierschwammerl, 100 g Obers, 80 g Creme fraiche, etwas Butter und Olivenöl zum Anbraten Salz, Pfeffer, Muskat und etwas Zitronensaft
2 El Wiesenkerbel

RAGOUT MIT WIESENKERBEL

ZUBEREITUNG

Kleingeschnittenes Gemüse in Butter ohne Farbe drei Minuten anbraten, mit Salz, Pfeffer und Muskat würzen, Obers und etwas Wasser beigeben, und knackig schmoren. In einer Pfanne Olivenöl erhitzen, geputzte Eierschwammerl anbraten, würzen und zur Gemüsemischung geben und mit Creme fraiche vollenden. Eventuell mit Zitrone, Salz und Pfeffer nachschmecken und ganz leicht mit Maizena binden und nun den feingeschnittenen Wiesenkerbel unterrühren.

WILDKRÄUTERREZEPTE

FRISCHE KARTOFFEL MIT WILDKRÄUTER-SOSSE

ZUTATEN

Heurige Erdäpfel,
9 Kräuter wie: Gundelrebe, echtes Kerbelkraut, Vogelsternmiere, kleiner Wiesenknopf, Sauerampfer, Löwenzahn, Bärlauch, Brunnenkresse, Knoblauchrauke, 250g Sauerrahm, 250g Joghurt,
2 El Leinöl, 1 Tl Honig,
Salz und Pfeffer

ZUBEREITUNG

Erdäpfel mit der Schale über Dampf weich kochen. Für die Soße die Zutaten verrühren und die feingehackten Kräuter unterrühren und mit Salz und Pfeffer gut abschmecken.

GIERSCHLIMONADE

ZUTATEN

1 l Apfelsaft, 2 Zitronen, je eine Handvoll Giersch und Blutampfer, Mineralwasser, Eiswürfel und Zucker nach Geschmack

ZUBEREITUNG

Die Wildkräuter mit dem Saft von einer halben Zitrone und dem Apfelsaft aufgießen und mindestens 2 Stunden ziehen lassen. Restliche Zitronen in Scheiben schneiden und mit der Limonade in einem Glaskrug geben. Eventuell mit Zucker abschmecken und mit Mineralwasser und Eiswürfeln servieren.

WILDKRÄUTERSCHNECKE

ZUTATEN

Topfenbutterteig,
200g Butter, 250g Mehl,
250 g Topfen (Quark),
Salz, Wildkräuter nach Wahl
wie Gundelrebe, echtes
Kerbelkraut, Wiesenknopf,
Quendel, echter Dost,
Knoblauchraute, Bärlauch,
Schafgarbe, Rossminze,
Parmesan

ZUBEREITUNG

Für den Topfenbutterteig Mehl, Butter, Topfen und Salz zu einem Teig kneten und kühl stellen.
Wildkräuterblätter nach Wahl fein schneiden, Parmesan grob reiben.
Nun den Teig länglich auswalken. Die feingeschnittenen Kräuter mit dem Parmesan verrühren und auf den Teig geben und fest zu einem Strudel einrollen und zu einer Schnecke aufrollen.
Mit Dottermilch bestreichen und auf ein mit Backpapier ausgelegtes Backblech legen.
Bei 180 Grad backen bis die Schnecke goldgelb ist.

WILDKÄUTERSMOOTHIE

ZUTATEN

1 Handvoll Wildkräuter nach Wahl wie Löwenzahn, Spitzwegerich, Kerbel, Sauerampfer, Giersch, Gartenschaumkraut, Schafgarbe, Vogelsternmiere, Klettenlabkraut, Rossminze, Fleckentaubnessel, 1 Handvoll Petersilie, 1 Banane,
1 kl. reife Birne, 1 kl. süßer Apfel, 300 ml Wasser oder 100 ml Dinkelmilch und 200 ml Wasser

ZUBEREITUNG

Zutaten vorbereiten und in einem Mixgerät mit starkem Motor kurz mixen.

BROKKOLI

BROKKOLISUPPE

ZUTATEN

ZUBEREITUNG

500 g Brokkoli,
2 EL Olivenöl, 1 Zwiebel,
2 Knoblauchzehen,
100 g Speck, 1 Tomate,
1 Bund Petersilie,
1,5 Liter Gemüsebrühe,
100 g schnell
kochender Reis oder
Rollgerste (Graupen –
geschälte, geschliffene,
polierte Gerstenkörner),
Salz, Pfeffer

In einem Topf das Olivenöl erhitzen und Speck, Zwiebel, Knoblauchzehen sowie fein gehackte Petersilie darin glasig dünsten.
Die Tomate blanchieren, häuten und in kleine Würfel schneiden. Brokkoli in kleine Röschen zerteilen und mit der Tomate und dem schnell kochenden Reis oder der Rollgerste in den Topf geben.
Mit der Gemüsebrühe aufgießen und köcheln lassen, bis der Brokkoli bissfest ist.

BROKKOLI

BROKKOLI-SCHÖBERL

ZUTATEN

300 g Brokkoli, 1 kleine Zwiebel, 20 g Butter,
3 Eier, 1 Eigelb,
90 g Mehl,
50 g Butter,
30 g geriebener Parmesan, Salz, Pfeffer aus der Mühle, eine Prise gemahlene Muskatnuss,
4 EL frische gehackte Petersilie
Backtemperatur: 200 Grad
Backzeit: ca. 10 Minuten

ZUBEREITUNG

Brokkoli in kochendem Wasser blanchieren, abseihen, abschrecken und fein hacken. Die fein gehackte Zwiebel in Butter hell anrösten und die Petersilie dazugeben. Eier und Eigelb mit einer Prise Salz dickcremig schlagen. Die geröstete Zwiebel, Brokkoli und den Parmesan vorsichtig unterheben. Mit Salz, Pfeffer und Muskatnuss abschmecken. Die zerlassene Butter und das Mehl unterrühren. Die Masse auf ein mit Backpapier ausgelegtes Backblech streichen und im vorgeheizten Backrohr backen. In Rhomben schneiden.

Eine ideale Suppeneinlage.

Ideale Beilage zu Fleischgerichten!

BROKKOLI IM BACKTEIG

ZUTATEN

600 g Brokkoli,
120 g Mehl, 3 Eier,
150 g Joghurt,
Salz, Pfeffer

ZUBEREITUNG

Brokkoli in Röschen zerteilen und blanchieren.
Mehl, Eier, Joghurt, Salz und Pfeffer zu einem Teig verrühren. Die Brokkoliröschen durch den Teig ziehen und in Fett herausbacken.

BROKKOLI

Mit frisch geriebenem Parmesan bestreuen und servieren.

NUDELN MIT BROKKOLISOSSE

ZUTATEN

400 g Brokkoli,
4 EL Olivenöl,
2 Knoblauchzehen,
1 scharfe Paprikaschote,
2 Tomaten, 125 g Crème fraîche, Salz, Pfeffer,
eine Prise Paprikapulver,
400 g Nudeln
(z.B. Penne)

ZUBEREITUNG

Brokkoli in Röschen zerteilen und in Salzwasser bissfest kochen. Öl erhitzen und die zerdrückten Knoblauchzehen, die in Streifen geschnittene Paprikaschote und die enthäuteten Tomaten dazugeben und dünsten lassen. Brokkoliröschen hinzufügen und Crème fraîche unterrühren. Mit Salz und Pfeffer abschmecken. Die Nudeln al dente kochen und mit der Brokkolisoße übergießen.

ASIATISCHE BROKKOLIPFANNE

ZUTATEN

400 g Brokkoli,
100 g Karotten (Möhren),
4 Schweineschnitzel,
Salz, Pfeffer, 1 EL Speisestärke,
2 Knoblauchzehen,
4 EL Öl, 3 EL Sojasoße,
125 ml Fleischbrühe,
eine Prise Zucker

ZUBEREITUNG

Brokkoli waschen und in Röschen teilen. Karotten (Möhren) waschen, putzen und in Streifen schneiden. Fleisch salzen, pfeffern, ebenfalls in Streifen schneiden und mit der Speisestärke vermengen. Nun das Öl erhitzen und das Fleisch beidseitig anbraten und beiseite stellen. Brokkoli und Karotten im Fett anbraten. Die zerdrückten Knoblauchzehen, den Zucker, die Fleischbrühe und die Sojasoße dazugeben und das Gemüse köcheln lassen. Zum Schluss das gebratene Fleisch zugeben und nochmals abschmecken.

Besonders gut mit Jasminreis (in Chinageschäften erhältlich)!

ERBSEN

ERBSENSUPPE MIT RÄUCHERLACHS

ZUTATEN

300 g ausgelöste Erbsen,
1 Zwiebel, 1 EL Butter,
1 Liter Gemüsebrühe,
125 ml Obers (Sahne),
1 EL gehackte Kräuter,
150 g Räucherlachs,
Salz, Pfeffer

ZUBEREITUNG

In einem Topf die Butter schmelzen lassen und die klein geschnittene Zwiebel mit den Kräutern darin anrösten. Mit Gemüsebrühe aufgießen. Erbsen und Obers dazugeben und zugedeckt bei niedriger Hitze ca. 10 Min. köcheln lassen. Die Hälfte der Suppe pürieren. Die zweite Hälfte der Suppe dazugießen, umrühren und den in Streifen geschnittenen Räucherlachs in die Suppe geben.

NUDELN MIT ERBSEN UND SCHINKEN

ZUTATEN

500 g ausgelöste Erbsen,
40 g Butter,
125 ml Obers (Sahne),
2 EL Wasser,
100 g Rohschinken,
60 g geriebener Parmesan, Salz, Pfeffer,
500 g Bandnudeln

ZUBEREITUNG

Butter zerlassen und die Erbsen, den fein geschnittenen Rohschinken und das Wasser dazugeben und köcheln lassen. Mit Obers aufgießen und etwas einkochen lassen. Die Nudeln al dente kochen und mit der Erbsensoße, dem Parmesan, Salz und Pfeffer vermischen.
Heiß servieren.

TRUTHAHNBRUST MIT OBERS UND ERBSEN

ZUTATEN

500 g ausgelöste Erbsen,
1 EL Butter, 1 kleine Zwiebel, 50 g
Rohschinken (nach Bedarf und Geschmack),
4 Truthahnschnitzel,
1 EL Mehl, 2 EL Olivenöl, 125 ml Obers (Sahne), 3 EL Wein, Salz, Pfeffer, geriebene Muskatnuss

ZUBEREITUNG

Die Butter in einem Topf schmelzen lassen und die fein geschnittene Zwiebel darin glasig dünsten. Erbsen und etwas Wasser dazugeben und weich dünsten. Den fein geschnittenen Rohschinken unterrühren und mit Salz und Pfeffer abschmecken. Die Truthahnschnitzel klopfen, salzen, pfeffern, mit Mehl bestäuben und in Olivenöl beidseitig anbraten.
Mit dem Wein ablöschen. Die Erbsen mit dem Obers verrühren und noch kurz köcheln lassen. Mit Salz, Pfeffer und Muskatnuss abschmecken und über das Fleisch gießen.

FENCHEL

FENCHELSUPPE „WINDSTILL"

ZUTATEN

2 Knollen Fenchel,
50 g Butter,
1 Liter Gemüsebrühe,
60 ml Obers (Sahne),
Salz, Pfeffer, eventuell Fenchelsamen

ZUBEREITUNG

Den Fenchel waschen, putzen, halbieren und in Streifen schneiden. Butter in einem Topf zergehen lassen und den Fenchel sowie die Fenchelsamen kurz anrösten. Mit der Gemüsebrühe aufgießen und die Suppe bei mittlerer Hitze ca. 30 Min. köcheln lassen. Anschließend das Obers dazugeben und die Suppe fein pürieren.

FENCHEL IN OBERS

ZUTATEN

4 Knollen Fenchel,
2 EL Butter, Salz,
125 ml Obers (Sahne)
5 EL Parmesan

ZUBEREITUNG

Jede Fenchelknolle längs in 6 Stücke zerteilen und 5 Min. blanchieren. In einem Topf die Butter schmelzen lassen, die Fenchelstücke dazugeben, salzen und bei schwacher Hitze weich dünsten. Obers (Sahne) nach und nach zugeben. Wenn der Fenchel weich ist, den geriebenen Parmesan darüber streuen und zugedeckt schmelzen lassen.

FISOLEN (GRÜNE GARTENBOHNEN)

ZUTATEN

500 g Fisolen (grüne Gartenbohnen), 1,5 Liter Gemüsebrühe, 3 bis 4 Knoblauchzehen,
5 Tomaten (püriert),
250 ml Sauerrahm (saure Sahne),
3 EL Mehl, Salz und Pfeffer

FISOLENSUPPE

Eine Spezialität aus Siebenbürgen.

ZUBEREITUNG

Die Fisolen waschen und in 2 cm lange Stücke schneiden. Die Gemüsebrühe aufkochen und die Fisolenstücke (Bohnenstücke) darin weich kochen. Die Knoblauchzehen zerdrücken und dazugeben. Die pürierten Tomaten in die Suppe rühren. Mehl und Sauerrahm gut verrühren, zur Suppe geben und noch einmal leicht köcheln lassen. Zum Schluss mit Salz und Pfeffer abschmecken.

ZUTATEN

250 g Fisolen (grüne Gartenbohnen),
80 g Rohschinken,
80 g Käse, 1 Tomate,
2 EL Essig, 3 EL Öl, 1 kleine Zwiebel, 1 Knoblauchzehe, Salz, Pfeffer, 1/2 TL Senf, eine Prise Zucker,
frisches Bohnenkraut

BUNTER FISOLENSALAT

ZUBEREITUNG

Die Fisolen in Salzwasser mindestens 10 Min. bissfest kochen. Schinken und Käse in feine Streifen, die Tomate in Scheiben schneiden. Öl, Essig und gehackte Zwiebel sowie die zerdrückte Knoblauchzehe, Salz und Pfeffer, Bohnenkraut, Senf und Zucker zu einer Marinade rühren, über die Fisolen gießen und etwas ziehen lassen.

FISOLENGULASCH

ZUTATEN

500 g Fisolen (grüne Gartenbohnen), 1 große Zwiebel , 1 EL Butter,
1 EL Paprikapulver,
1 rote Paprikaschote,
1 Tomate, 1 EL Petersilie,
50 g Speck,
1 Knoblauchzehe,
1 EL Mehl, 250 ml Gemüsebrühe, 2 EL Obers (Sahne),
Salz, Pfeffer

ZUBEREITUNG

Fisolen waschen, putzen und blanchieren. Den fein geschnittenen Speck, die in Ringe geschnittene Zwiebel, die gehackte Petersilie und die zerdrückte Knoblauchzehe anrösten.
Anschließend den in Streifen geschnittenen Paprika und die geviertelte Tomate dazugeben. Mit Paprikapulver und Mehl stauben und mit der Gemüsebrühe aufgießen. Die Fisolen dazugeben und alles weich dünsten. Zum Schluss mit Obers, Salz und Pfeffer abschmecken.

GURKEN

ERFRISCHENDE GURKENSUPPE

ZUTATEN

500 ml Sauermilch,
150 g geschälte und entkernte Salatgurken,
2 EL frischer Dill (gehackt), Salz, Pfeffer, zerdrückter Knoblauch (nach Bedarf und Geschmack)

ZUBEREITUNG

Gurke fein reiben, mit der Sauermilch vermischen, Dill und Gewürze untermengen und 12 Stunden zugedeckt im Kühlschrank ziehen lassen. In gekühlten Tellern servieren.

Eine erfrischende Suppe an heißen Sommertagen.

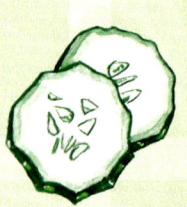

GURKEN-SCHINKEN-AUFSTRICH

ZUTATEN

180 g Gurken,
150 g Schinken,
125 g Crème fraîche,
2 EL Topfen (Quark),
1 TL Borretsch oder Petersilie, Salz, Pfeffer

ZUBEREITUNG

Gurke waschen, schälen, grob raspeln, salzen, in ein Sieb leeren und ausdrücken. Den Schinken in feine Streifen schneiden. Die Gurken mit der Crème fraîche und dem Topfen vermengen. Den Schinken einrühren und mit Borretsch oder Petersilie, Salz und Pfeffer abschmecken.

LACHS IN GURKENSOSSE

ZUTATEN

4 Lachsfilets, Saft einer Zitrone, Salz, Pfeffer,
1 EL Butter, 1 Salatgurke,
125 ml Weißwein,
125 g Crème fraîche,
1 kleiner Bund Dill

Backtemperatur: 200 Grad
Backzeit: ca. 30 Minuten

ZUBEREITUNG

Lachsfilets waschen, salzen, pfeffern und mit dem Zitronensaft beträufeln.

Die Gurke schälen, längs halbieren, entkernen und in 1,5 cm dicke Stücke schneiden. Die Butter erhitzen, nun die Gurkenstückchen dazugeben und anbraten. Mit dem Weißwein aufgießen und kochen lassen. Nun die Crème fraîche dazugeben und köcheln lassen. Die Gurkensoße mit Salz, Pfeffer und gehacktem Dill abschmecken.

Die Lachsfilets aus der Marinade nehmen und in eine geölte, feuerfeste Form legen.

Die Gurkensoße darüber verteilen und zugedeckt im Backrohr braten lassen.

KARFIOL (BLUMENKOHL)

ZUTATEN

1 mittelgroße Rose Karfiol (Blumenkohl),
3 mehlige Kartoffeln,
500 ml Gemüsebrühe,
500 ml Milch, Salz,
geriebene Muskatnuss,
125 ml Obers (Sahne),
1 Bund Petersilie

FEINE KARFIOLSUPPE

ZUBEREITUNG

Karfiol putzen, waschen und in Röschen teilen. Kartoffeln schälen und klein schneiden. Die Gemüsebrühe und die Milch aufkochen, das Gemüse darin weich kochen, einige Karfiolröschen jedoch schon in bissfestem Zustand herausnehmen. Alles pürieren. Mit Salz, Muskatnuss und Obers (Sahne) verfeinern und mit Petersilie bestreut servieren.

ZUTATEN

1 Rose Karfiol (Blumenkohl), 3 EL Semmelbrösel (Paniermehl), 80 g Butter
1 hart gekochtes Ei,
3 EL fein gehackte Petersilie, Salz

KARFIOL MIT BRÖSELHAUBE

ZUBEREITUNG

Den Karfiol in Salzwasser bissfest kochen. Die Butter schmelzen lassen, Semmelbrösel darin rösten und das gekochte, gehackte Ei dazugeben. Die Masse über die Karfiolrose streuen und mit der gehackten Petersilie garnieren.

KARFIOL

KARFIOL MIT SCHNITTLAUCHHAUBE

ZUTATEN

1 Rose Karfiol (Blumenkohl), 125 ml Sauerrahm (Saure Sahne), 1 Bund Schnittlauch, 1 Glas Mayonnaise (fertig oder selbst gemacht), Salz, Pfeffer

ZUBEREITUNG

Den Karfiol in Salzwasser bissfest kochen. Den Sauerrahm mit der Mayonnaise verrühren und den fein geschnittenen Schnittlauch verrühren. Mit Salz und Pfeffer abschmecken und über die Karfiolrose gießen.

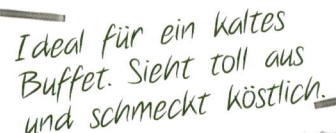

Ideal für ein kaltes Buffet. Sieht toll aus und schmeckt köstlich.

KARFIOL IM KÄSEHEMD

ZUTATEN

1 große Rose Karfiol (Blumenkohl), 150 g Schinken, Salz, eine Prise Zucker, 2 EL Milch,
Käsesoße: 2 EL Butter, 1 EL Mehl, 250 ml Milch, 70 g frisch geriebener Parmesan, Salz, Muskatnuss, Pfeffer, Semmelbrösel zum Bestreuen, Butterflöckchen
Backtemperatur: 200 Grad
Backzeit: ca. 30 Minuten

ZUBEREITUNG

Karfiol in Röschen zerteilen, in Salzwasser ca. 10 Min. kochen lassen (Milch und Zucker ins Kochwasser, dann bleibt der Karfiol weiß) und abseihen. Den Karfiol in eine befettete Auflaufform geben, den würfelig geschnittenen Schinken und die Käsesoße darüber verteilen und überbacken.
Käsesoße: Butter zerlassen, Mehl zugeben und verrühren. Mit kalter Milch aufgießen und unter ständigem Rühren zum Kochen bringen. Parmesan einrühren und mit Salz, Pfeffer und Muskatnuss abschmecken.

KAROTTE (MÖHRE)

KAROTTENSUPPE „KAROLINE"

ZUTATEN

400 g Karotten (Möhren),
750 ml Gemüsebrühe,
3-5 EL Crème fraîche

ZUBEREITUNG

Die Karotten waschen, putzen, in Stücke schneiden und in der Gemüsebrühe ca. 30 Min. köcheln lassen. Mit Crème fraîche verrühren und anschließend die Suppe schaumig pürieren.

KAROTTENAUFSTRICH „LANGOHR"

ZUTATEN

150 g Karotten (Möhren), 150 g Topfen (Quark), 2 EL Sauerrahm (Saure Sahne),
1 TL Zitronensaft, Salz, Pfeffer, 1 EL Petersilie

ZUBEREITUNG

Karotten waschen, putzen, fein reiben und mit dem Zitronensaft beträufeln. Den Topfen mit Sauerrahm (Saurer Sahne) verrühren, die Karotten (Möhren) dazugeben, mit Salz und Pfeffer abschmecken und mit Petersilie bestreuen.

KAROTTE

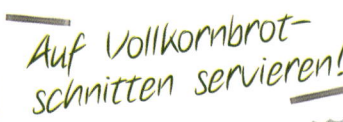

KAROTTEN-SELLERIE-AUFSTRICH

ZUTATEN

1 Karotte (Möhre),
1/4 Knolle Sellerie,
2 Radieschen,
250 g Topfen (Quark),
Knoblauch, Petersilie, Salz, Pfeffer

ZUBEREITUNG

Karotte, Sellerie und Radieschen fein reiben und mit dem Topfen vermischen. Mit zerdrücktem Knoblauch, Petersilie, Salz und Pfeffer abschmecken.

Auf Vollkornbrotschnitten servieren!

KAROTTEN-APFEL-SALAT

ZUTATEN

500 g Karotten (Möhren), 2 geraspelte Äpfel,
Marinade: 2 EL Zitronensaft, 3 EL Öl, Salz, Zucker

ZUBEREITUNG

Die Karotten fein reiben und mit den Äpfeln vermischen. Die Zutaten für die Marinade in ein Glas mit Deckel geben, kräftig durchschütteln und über die Karotten gießen.

KARTOFFELN

FEINSCHMECKER-KARTOFFELSUPPE

ZUTATEN

1 Zwiebel,
500 g Kartoffeln,
Petersilie, Thymian,
Majoran, Muskatnuss,
Lorbeerblatt (frisch),
Salz, Pfeffer, 2 EL Öl,
eventuell getrocknete
Pilze, 1 L Gemüsebrühe,
1 EL Obers (Sahne)

ZUBEREITUNG

Kartoffeln waschen, schälen und würfelig schneiden. Zwiebel und Petersilie in Öl anrösten. Die Kartoffeln, die Kräuter und eventuell die Pilze dazugeben, mit der Gemüsebrühe aufgießen und alles weich kochen. Mit Salz und Pfeffer abschmecken. Vor dem Servieren mit Obers verfeinern.

Ausgezeichnet für kalte Herbsttage!

KARTOFFELN

KARTOFFEL-KNOBLAUCH-AUFSTRICH

ZUTATEN

4 mittelgroße Kartoffeln,
3 Knoblauchzehen,
4 EL Olivenöl,
2 TL Essig, Salz, Pfeffer,
Thymian

ZUBEREITUNG

Die gekochten Kartoffeln durch die Kartoffelpresse drücken. Mit dem zerdrückten Knoblauch, dem Olivenöl und dem Essig zu einem Brei verrühren. Mit Salz, Pfeffer und Thymian abschmecken.

Den Aufstrich auf getoastetem Weißbrot servieren.

WARMER KARTOFFELKÄSE

ZUTATEN

500 g Kartoffeln,
300 g Zwiebeln,
4 EL Butter,
2 Knoblauchzehen,
Salz, Pfeffer

ZUBEREITUNG

Kartoffeln waschen und mit der Schale dünsten. In der Zwischenzeit Butter schmelzen lassen. Die fein gehackten Zwiebeln und die zerdrückten Knoblauchzehen darin rösten. Die geschälten Kartoffeln durch die Kartoffelpresse drücken und mit dem Zwiebel-Knoblauchgemisch vermengen. Mit Salz und Pfeffer abschmecken und noch warm mit Schwarzbrot servieren.

HERZHAFTER KARTOFFELKÄSE

ZUTATEN

200 g mehlige Kartoffeln, 125 ml Sauerrahm, (saure Sahne),
2 Knoblauchzehen,
1 kleine Zwiebel,
3 EL Schnittlauch oder andere frische Kräuter,
Salz, Pfeffer

ZUBEREITUNG

Die gekochten und geschälten Kartoffeln auskühlen lassen und durch die Kartoffelpresse drücken. Anschließend mit dem Sauerrahm (der Sauren Sahne), der fein geschnittenen Zwiebel und den zerdrückten Knoblauchzehen verrühren.
Mit Schnittlauch, Salz und Pfeffer abschmecken.

Auf Bauernbrot mit Schnittlauch bestreut eine herzhafte Mahlzeit!

ÜBERRASCHUNGS-KARTOFFELN

ZUTATEN

4 mittelgroße Kartoffeln
Backtemperatur: 250 Grad
Backzeit: 60 Minuten

ZUBEREITUNG

Die Kartoffeln waschen und mit der Schale in Folie wickeln. Im Backrohr backen. Folie öffnen, Kartoffeln einschneiden und mit einer Kräutersoße füllen.

Mit einer Kräuter- oder Knoblauchsoße servieren (siehe S. 188 und 189).

KARTOFFELN

ZUTATEN

500 g mehlige Kartoffeln, 50 g Butter, 60 ml heiße Milch, Salz, Muskatnuss

Röstzwiebeln:
1 Zwiebel, 1 EL Mehl
1/2 TL Paprikapulver, Öl

KARTOFFELPÜREE MIT RÖSTZWIEBELN

ZUBEREITUNG

Kartoffeln waschen, dämpfen, schälen und noch heiß durch eine Kartoffelpresse drücken. Milch und Butter einrühren. Das Püree mit Salz und Muskatnuss würzen und mit Röstzwiebel garnieren. Für die Röstzwiebel die Zwiebel fein hacken, im Gemisch aus Mehl und Paprikapulver wenden und in heißem Öl knusprig braten.

Probieren Sie auch einmal ein Kartoffel-Karottenpüree! Die Hälfte der Kartoffeln wird durch gekochte Karotten ersetzt.

KARTOFFELSALAT MIT LACHS

ZUTATEN

500 g speckige (fest kochende) Kartoffeln,
5 EL Essig, 3 EL Öl,
3 EL Wasser, 1 TL Senf,
1 TL Zucker, Salz,
Pfeffer, 100 g
Räucherlachs (in Scheiben geschnitten), frische Petersilie
Überguss: 250 ml Sauerrahm (saure Sahne),
5 EL roter Kaviar,
Salz, Pfeffer, Schnittlauch

ZUBEREITUNG

Die gekochten Kartoffeln noch warm in nicht zu dünne Scheiben schneiden. Essig, Öl, Wasser, Senf, Zucker, Salz und Pfeffer verrühren und die Kartoffelscheiben damit marinieren.

Für den Überguss den Sauerrahm mit Salz und Pfeffer verrühren, den fein geschnittenen Schnittlauch und den Kaviar unterrühren. Diese Soße über die Kartoffeln gießen. Den Lachs in kleine Streifen schneiden und den Salat mit der Petersilie dekorieren.

Ein Salat für Feinschmecker!

SÄMIGER KARTOFFELSALAT

ZUTATEN

1 kg speckige (fest kochende) Kartoffeln,
1 Zwiebel, 2 EL Apfelessig,
4 EL Sonnenblumenöl,
Pfeffer aus der Mühle,
etwas Wasser, 1 Prise Paprikapulver, viel Salz

ZUBEREITUNG

Die Kartoffeln kochen, schälen und blättrig schneiden. Die Zwiebel schälen und fein hacken.
Marinade aus Essig, Öl, Paprikapulver, Salz und Pfeffer über den lauwarmen Salat gießen.

KARTOFFELN

ZUTATEN

600 g speckige (fest kochende) Kartoffeln,
1 EL Butter, 125 ml Obers (Sahne), 125 ml Milch,
Salz, Pfeffer,
1 EL Curry, 3 El geriebener Parmesan,
Butterflöckchen
Backtemperatur: 180 Grad
Backzeit: 45 Minuten

KARTOFFELGRATIN MIT CURRY

ZUBEREITUNG

Die rohen, geschälten Kartoffeln in 3 mm dicke Scheiben schneiden. Eine Auflaufform einfetten und die Kartoffeln dachziegelartig einschichten. Butter erhitzen und den Curry darin anschwitzen, mit Obers (Sahne) und Milch aufgießen, mit Salz und Pfeffer abschmecken und über die Kartoffeln gießen. Mit Parmesan bestreuen und im Backrohr goldgelb backen.

ZUTATEN

500 g Kartoffeln,
3 EL Mehl, 2 Eier,
Salz, 1 Knoblauchzehe,
Pfeffer aus der Pfeffermühle

KARTOFFELPUFFER IM HERBSTKLEID

ZUBEREITUNG

Die rohen Kartoffeln schälen, waschen, abtrocknen und grob reiben. Sofort mit den anderen Zutaten vermischen, da die Kartoffeln sonst braun werden. Mehl und Eier dazurühren und mit Salz und Knoblauch würzen. Mit einem Esslöffel aus der Teigmasse kleine Fladen entnehmen und in sehr heißem Fett auf beiden Seiten goldbraun braten.
Mit frisch gemahlenem Pfeffer aus der Pfeffermühle bestreuen.

Besonders gut schmecken dazu Apfelmus und Preiselbeeren. Ein ideales „Herbstessen"!

KNOBLAUCH

KNOBLAUCHSUPPE „ATEMFRISCH"

ZUTATEN

1,5 Liter Gemüsebrühe,
50 g Mehl,
10 Knoblauchzehen.
Salz, Pfeffer,
125 g Crème fraîche,
etwas Obers (Sahne),
Semmelwürfel (würfelig geschnittene Brötchen)

ZUBEREITUNG

Gemüsebrühe aufkochen lassen. Mehl mit etwas Wasser verquirlen und in die Brühe gießen. Die Knoblauchzehen zerdrücken und dazurühren. Mit Salz, Pfeffer und Crème fraîche abschmecken und mit etwas Obers (Sahne) verfeinern.

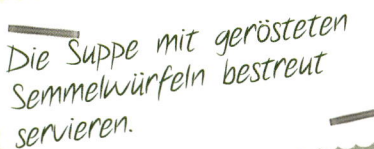

Die Suppe mit gerösteten Semmelwürfeln bestreut servieren.

KNOBLAUCH

KNOBLAUCH-GURKENSOSSE

ZUTATEN

1 mittelgroße Gurke
500 ml Jogurt
1 EL Olivenöl
1 TL Essig
1/2 TL Salz
1 TL gehackter Dill
2 Knoblauchzehen

ZUBEREITUNG

Die Gurke schälen und fein reiben. Das Jogurt mit Olivenöl, Essig, Salz, Dill, Gurke und den zerdrückten Knoblauchzehen verrühren. Die Masse ca. 1 Stunde zugedeckt im Kühlschrnak ziehen lassen.

KOHLRABI

KOHLRABISUPPE „FRÜHLINGSERWACHEN"

ZUTATEN

2 Kohlrabi, 1 EL Butter,
1 kleine Zwiebel,
1/2 l Gemüsebrühe,
125 ml Obers (Sahne),
1 Bund Schnittlauch,
Salz, Pfeffer

ZUBEREITUNG

Kohlrabi schälen und in kleine Würfel schneiden. Die Butter zergehen lassen und die fein gehackte Zwiebel darin anrösten. Kohlrabi dazugeben, mit Gemüsebrühe aufgießen und weich dünsten. Mit Obers, Salz und Pfeffer verfeinern, und mit fein geschnittenem Schnittlauch servieren.

KOHLRABI IN KRÄUTERHÜLLE

ZUTATEN

1 Kohlrabi, Salz, Pfeffer, Mehl zum Wenden, 1 Ei, 125 ml Mineralwasser, 1 EL gehackte Kräuter (Petersilie, 120 g Mehl Schnittlauch, Dill), Fett zum Backen

ZUBEREITUNG

Kohlrabi schälen und in ca. 1 cm dicke Scheiben schneiden. 5 Minuten in Salzwasser kochen, aus dem Wasser nehmen und abkühlen lassen. Inzwischen aus Mehl, Ei, Mineralwasser, den gehackten Kräutern, Salz und Pfeffer einen Teig rühren.
Die Kohlrabischeiben zuerst in Mehl und dann im Teig wenden. In heißem Fett etwa 3 Minuten goldgelb backen.

KRAUT (KOHL)

KRAUTSUPPE

ZUTATEN

1/2 kleiner Kopf Weißkraut
(Weißkohl),
1 El Öl, 1,5 Liter
Gemüsebrühe, 1 Zwiebel,
250 g magerer Speck,
1 kleine Sellerieknolle,
1 Karotte (Möhre),
Salz, Pfeffer

ZUBEREITUNG

Die fein geschnittene Zwiebel und den Speck in Öl anrösten. Das geputzte und in feine Streifen geschnittene Gemüse dazugeben und kurz mitrösten. Würzen, mit der Gemüsebrühe aufgießen und alles weich kochen.

KRAUT (KOHL)

KALTER KRAUTSALAT

ZUTATEN

ZUBEREITUNG

1 kg Weißkraut (Weißkohl), Kümmel, Salz,
1 kleine Zwiebel,
etwas Öl, eine Prise Zucker, Salz, Pfeffer,
Essig

Das Weißkraut waschen, fein hobeln, mit Salz und Kümmel bestreuen und einige Zeit ziehen lassen. Anschließend das Weißkraut gut ausdrücken, mit der fein geschnittenen Zwiebel vermengen und mit Essig, Öl, Zucker, Salz und Pfeffer abschmecken.

ANANAS-KRAUTSALAT

ZUTATEN

ZUBEREITUNG

1 Kopf Weißkraut (Weißkohl),
1 Dose geschnittene Ananas mit Saft,
125 ml Sauerrahm (saure Sahne),
125 ml Obers (Sahne),
Salz

Das Weißkraut fein hobeln. Mit den geschnittenen Ananas und dem Saft vermengen. Sauerrahm, Obers und Salz gut verrühren und mit dem Weißkraut vermischen.

KRAUT (KOHL)

WARMER KRAUTSALAT

ZUTATEN

1 kleiner Kopf Weißkraut (Weißkohl), Salz,
1 TL Zucker, Öl, Essig, Kümmel (nach Geschmack), Speckwürfel

ZUBEREITUNG

Das Weißkraut fein hobeln und salzen. Essig, Öl, Kümmel, Zucker und Wasser verrühren und kurz aufkochen lassen. Diese Marinade über das Weißkraut gießen und ziehen lassen. Wieder in einen Topf abseihen, Marinade erneut aufkochen und über das Weißkraut gießen. Mehrmals wiederholen. Mit gerösteten Speckwürfeln bestreuen.

KRAUTFLECKERLN

ZUTATEN

350 g Fleckerln (Nudeln),
500 g Weißkraut (Weißkohl), 4 EL Öl,
1 EL Zucker Salz, Pfeffer.
1 kleine Zwiebel,
1 KL Essig,
1 KL Kümmel

ZUBEREITUNG

Die Fleckerln (kleine, quadratische Nudelteigstücke) in Salzwasser bissfest kochen, abseihen und mit kaltem Wasser abschrecken. Das Kraut putzen, den Strunk entfernen und fein schneiden.
Das Fett erhitzen und den Zucker dazugeben und bräunen. Die fein gehackte Zwiebel dazugeben.
Alles kurz durchrösten, mit dem Essig ablöschen. Nun das Kraut dazugeben und salzen. Bei kleiner Flamme zugedeckt weich dünsten. Eventuell muss etwas Wasser zugegeben werden.
Das fertig gedünstete Kraut mit Salz, Pfeffer und Kümmel abschmecken und die gekochten Fleckerln (Nudeln) dazumischen. Alles zusammen kurz erhitzen und servieren.

KRAUT (KOHL)

KRAUTSCHNECKEN „WERNER"

ZUTATEN

300 g Weißkraut,
(Weißkohl), 1 Zwiebel,
1 Knoblauchzehe,
100 g Speck,
Öl zum Braten,
125 ml Gemüsebrühe,
125 ml Weißwein,
Kümmel, Salz, Zucker,
1 Pkg. Blätterteig,
1 Eigelb und etwas Milch
Backtemperatur: 200 Grad
Backzeit: 20 Minuten

ZUBEREITUNG

Das Weißkraut waschen und fein hobeln. Öl erhitzen und die in Ringe geschnittene Zwiebel, die Knoblauchzehe und den Speck darin anrösten. Das Kraut und die Gewürze dazugeben, kurz mitrösten und mit Gemüsebrühe und Wein aufgießen. So lange kochen lassen, bis die Flüssigkeit verdunstet ist. Den Blätterteig ausrollen, die ausgekühlte Krautmasse darauf verteilen und wieder einrollen. Nun die Rolle in 2 cm dicke Scheiben schneiden. Die Scheiben auf ein Blech legen. Eigelb mit Milch verquirlen („Dottermilch"), Scheiben damit bestreichen und im Backrohr goldgelb backen.

KRAUTEINTOPF

ZUTATEN

750 g Weißkraut
(Weißkohl), 500 g Schweinefleisch, Öl zum Braten,
3 Zwiebeln,
100 g Speck, 100 g
Champignons, 3 EL Tomatenmark (oder Ketchup),
2 Knoblauchzehen, 1 TL
Kümmel, 2 TL Paprikapulver, 1 Lorbeerblatt,
1/2 L Weißwein,
2 TL Majoran, Salz

ZUBEREITUNG

Speck und Zwiebeln fein schneiden und in Öl anbraten. Das würfelig geschnittene Schweinefleisch mitbraten. Das Weißkraut grob schneiden und mit den blättrig geschnittenen Pilzen, dem Tomatenmark, den zerdrückten Knoblauchzehen und den Gewürzen vermengen. Gut durchrösten, mit dem Weißwein aufgießen und so viel Wasser dazugeben, dass das Weißkraut bedeckt ist. Alles bei kleiner Hitze im zugedeckten Topf garen, bis das Fleisch weich ist.

KÜRBIS

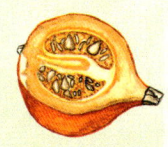

KÜRBISCREMESUPPE MIT SHERRY

ZUTATEN

1 kg Kürbisfleisch,
1 Zwiebel,
2 Knoblauchzehen,
30 g Butter,
1 L leichte Rindsuppe (ev. Würfel),
Salz, Pfeffer, Muskatnuss,
ein Schuss Sherry/Brandy,
geröstete Kürbiskerne,
Kürbiskernöl

ZUBEREITUNG

In einem großen Topf den würfelig geschnittenen Kürbis, die Zwiebel und den zerdrückten Knoblauch in Butter anrösten. Mit etwas Sherry ablöschen, mit Suppe aufgießen und den Kürbis weich kochen. Gewürze dazugeben und alles fein pürieren.
Vor dem Servieren geröstete Kürbiskerne und einige Tropfen Kürbiskernöl auf die Suppe geben.

Die Farbe wird besonders schön mit Kürbis der Sorte 'Hokkaido'!

KÜRBISAUFSTRICH

ZUTATEN

200 g Kürbisfleisch
(orange-fleischigen,
z.B. ‚Hokkaido'),
200 g Frischkäse,
1 EL Olivenöl,
1 Knoblauchzehe,
2 EL geröstete, gehackte
Kürbiskerne,
Salz, Pfeffer

ZUBEREITUNG

Kürbis schälen, in kleine Stücke schneiden und in Olivenöl und eventuell etwas Wasser weich dünsten. Anschließend pürieren. Den Frischkäse mit dem Kürbispüree verrühren und die zerdrückte Knoblauchzehe dazugeben. Mit Salz und Pfeffer abschmecken. Vor dem Servieren die Kürbiskerne unterheben.

Schmeckt sehr gut auf Kürbiskernbrot!

KÜRBIS-VOGERLSALAT

ZUTATEN

100 g Vogerlsalat
(Feldsalat), Olivenöl,
1 Knoblauchzehe,
200 g Kürbisfleisch,
ein Schuss Weißwein,
Marinade: 3 EL Essig,
5 EL Öl, Salz, Pfeffer

ZUBEREITUNG

Vogerlsalat waschen und trockenschleudern. Das Olivenöl erhitzen und die zerdrückte Knoblauchzehe darin anrösten. Kürbis schälen, in Würfel schneiden und mitrösten. Mit Wein aufgießen und bissfest dünsten lassen.
Die Zutaten für die Marinade in ein Glas mit Deckel geben, gut durchschütteln und über den mit den Kürbiswürfeln belegten Vogerlsalat (Feldsalat) gießen.

KÜRBISNOCKERLN MIT SALBEIBUTTER

ZUTATEN

200 g orange-fleischiger Kürbis, 300 g griffiges Weizenmehl (D: Type 405),
2 Eier,
125 ml Milch, Salz,
etwas Butter,
frische Salbeiblätter

ZUBEREITUNG

Kürbis schälen, in Stücke schneiden, in wenig Salzwasser weich kochen und pürieren. Milch mit Eiern verquirlen, Mehl und Kürbispüree dazugeben und salzen. Mit einem Teelöffel kleine Nockerln (Klößchen) in Salzwasser einlegen und kochen. Eventuell Probenockerln (-klößchen) machen.
Für die Salbeibutter Salbeibutter: Butter schmelzen lassen und frische Salbeiblätter darin anrösten.

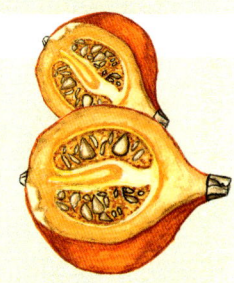

KÜRBISSOSSE FÜR NUDELN

ZUTATEN

300 g Kürbisfleisch,
2 Zwiebeln,
2 Knoblauchzehen,
Olivenöl zum Anrösten,
Petersilie, 125 ml Gemüsebrühe, 125 ml Sherry, 125 ml Obers (Sahne), Salz, Pfeffer, Parmesan

ZUBEREITUNG

Kürbisfleisch in Würfel schneiden. Die Zwiebeln fein schneiden und mit den Knoblauchzehen in Olivenöl goldbraun rösten. Die Petersilie kurz mitrösten, die Kürbiswürfel dazugeben und mit der Gemüsebrühe und dem Sherry aufgießen. Etwas einkochen lassen und dann mit dem Obers verfeinern. Mit Salz und Pfeffer würzen.

KÜRBIS

KÜRBISRISOTTO

ZUTATEN

ZUBEREITUNG

500 g Kürbisfleisch (möglichst einen gelben, süßlich schmeckenden Kürbis wählen!),
4 EL Olivenöl,
1 kleine Zwiebel,
1 Knoblauchzehe,
300 g Risottoreis,
300 ml Gemüsebrühe,
150 ml Milch,
150 ml Wein,
Salz, Pfeffer,
geriebene Muskatnuss,
100 g geriebener Parmesan

Kürbisfleisch in Würfel schneiden. Das Öl erhitzen, die fein geschnittene Zwiebel und den zerdrückten Knoblauch darin glasig dünsten. Kürbis dazugeben, salzen und bei kleiner Hitze zu einem Mus kochen. Eventuell schon etwas von der Gemüsebrühe beigeben. Den Reis zugeben und mit den Flüssigkeiten nach und nach aufgießen. Mit Salz, Pfeffer und Muskatnuss würzen und mit Parmesan bestreut servieren.

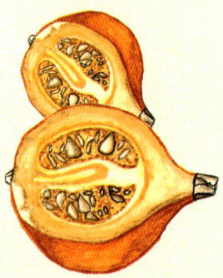

KÜRBIS-RATATOUILLE

ZUTATEN

500 g Kürbisfleisch
(am besten ‚Hokkaido'),
5 EL Olivenöl, 4 Knoblauchzehen, 250 g
Tomaten, 2 Paprikaschoten
(Farbe nach Wahl),
3 Zwiebeln,
250 ml Gemüsebrühe,
Paprikapulver, Ingwer,
Oregano, Salz, Pfeffer

ZUBEREITUNG

Den Kürbis und die Paprikaschoten würfelig schneiden. Die Tomaten blanchieren, die Haut abziehen und pürieren. Die würfelig geschnittenen Zwiebeln und den fein gehackten Knoblauch in Olivenöl anrösten und den Kürbis, die Paprikaschoten und die Tomaten dazugeben. Mit Gemüsebrühe aufgießen und zugedeckt dünsten lassen. Mit Oregano, Pfeffer, Salz, Ingwer und Paprika würzen.

Mit Reis servieren!

KÜRBIS-ZWIEBEL-PUFFER

ZUTATEN

500 g Kürbisfleisch,
4 Zwiebeln,
2 Knoblauchzehen,
4 EL gehackte Kräuter,
3 Eier,
4 EL Mehl,
1 EL gehackte Kürbiskerne,
Salz, Pfeffer,
Olivenöl zum Ausbacken

ZUBEREITUNG

Das Kürbisfleisch grob raspeln, die Zwiebeln in Ringe schneiden und die Knoblauchzehen zerdrücken. Eier, Mehl, Kräuter und Kürbiskerne verquirlen und mit dem Kürbisgemisch verrühren. Mit Salz und Pfeffer abschmecken. In einer Pfanne Olivenöl erhitzen und aus dem Teig kleine Puffer beidseitig goldbraun braten.

Gibt auch milden Kürbissorten eine würzige Note.

LAUCH

LAUCHSUPPE

ZUTATEN

ZUBEREITUNG

2 Stangen Lauch,
2 EL Butter,
Mehl zum Stauben,
1 l Gemüsebrühe,
1 Eigelb,
125 ml Obers (Sahne)

Lauch putzen, halbieren und in feine Ringe schneiden. Butter zergehen lassen und Lauch darin andünsten. Mit Mehl stauben. Mit der Gemüsebrühe aufgießen und die Suppe köcheln lassen bis der Lauch weich ist. Eigelb und Obers (Sahne) verquirlen und in die Suppe einrühren.
Nicht mehr aufkochen lassen.

LAUCH-NUDEL-SALAT

ZUTATEN

300 g Lauch,
300 g Spaghetti,
1/2 Bund Basilikum,
4 EL Olivenöl,
1 EL Parmesan fein gerieben,
3 EL Balsamico-Essig,
10 Kirschtomaten,
Salz, Pfeffer

ZUBEREITUNG

Spaghetti in Salzwasser kochen. Den Lauch waschen, putzen und in feine Ringe schneiden. Bevor die Spaghetti abgeseiht werden, wird der Lauch noch ca. 1 Min. mitgekocht. Anschließend abseihen. Aus Öl, Essig, Salz und Pfeffer eine Marinade rühren und über die Lauch-Spaghettimischung gießen. Die halbierten Kirschtomaten dazugeben. Basilikumblättchen und Parmesan darüber streuen.

AUFLAUF IM LAUCHBEET

ZUTATEN

1 kg Lauch, 200 g Schinken, 200 g Parmesan, 2 Eier, 60 ml Sauerrahm (saure Sahne), Salz, Pfeffer und Muskatnuss, 1 TL frisch gehackte Petersilie, 1 l Gemüsebrühe
Backtemperatur: 200 Grad
Backzeit: 30–40 Minuten

ZUBEREITUNG

Den Lauch in 5 cm lange Stücke schneiden und 10 Min. in der Gemüsebrühe kochen lassen. Gut abtropfen und die Hälfte davon in eine gefettete Auflaufform legen. Den Schinken in Streifen schneiden und über dem Lauch verteilen. Den Parmesan grob reiben und darüber geben, dann wieder Lauch, Schinken und mit Parmesan abschließen.
Den Sauerrahm (die Saure Sahne) mit den 2 Eiern und der Petersilie verrühren. Mit Salz, Pfeffer und Muskatnuss abschmecken, über das Gemüse gießen und im Backrohr backen.

LAUCH

LAUCHSTRUDEL „ULLI"

ZUTATEN

500 g Lauch, 300 g Schinken, 1 EL Olivenöl,
Salz, Pfeffer, Muskatnuss,
125 g Crème fraîche,
20 g geriebener Käse,
1 Eigelb zum Bestreichen,
1 Pkg. Strudelteig
Backtemperatur: 200 Grad
Backzeit: ca. 30 Minuten

ZUBEREITUNG

Den Lauch waschen und nudelig schneiden. Schinken in Streifen schneiden und in Olivenöl kurz anrösten, dann den Lauch dazugeben und ca. 5 Min. mitdünsten. Mit Salz, Pfeffer und Muskatnuss abschmecken und nach dem Abkühlen mit Crème fraîche und dem geriebenen Käse vermischen. Die Füllung auf den Strudelteig streichen, einrollen, mit Eigelb bestreichen und goldgelb backen.

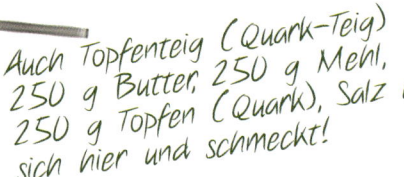

Auch Topfenteig (Quark-Teig) 250 g Butter, 250 g Mehl, 250 g Topfen (Quark), Salz eignet sich hier und schmeckt!

LAUCH-QUICHE

ZUTATEN

Teig: 200 g Mehl,
100 g Butter, etwas kaltes Wasser, Salz
Füllung: 4 Eier, 200 g Lauch, 125 g geriebener Käse, 250 ml Sauerrahm (saure Sahne),
Salz, Pfeffer, Muskatnuss,
Backtemperatur: 200 Grad
Backzeit: ca. 40 Minuten,
Backrohr vorheizen

ZUBEREITUNG

Zutaten zu einem Teig kneten, ca. eine halbe Stunde im Kühlschrank ruhen lassen, ausrollen und eine Tortenform damit auslegen. Den Lauch waschen, putzen und in feine Ringe schneiden. Die Eier mit dem Sauerrahm verrühren, Käse und Lauch dazugeben. Mit Salz, Pfeffer und Muskatnuss abschmecken. Die Füllung über den Teig gießen und im vorgeheizten Backrohr backen.

Schmeckt mit etwas Schinken befüllt besonders gut.

PIKANTE LAUCHROLLEN

ZUTATEN

2 dünne Stangen Lauch,
500 ml Wasser zum Kochen, Salz, 6 Scheiben Schinken, 6 Scheiben Käse, Butter für die Form,
125 ml Obers (Sahne),
geriebene Muskatnuss,
1 EL Mehl, Suppenwürze,
2 EL kaltes Wasser
Backtemperatur: 225 Grad
Backzeit: 20 Minuten,
Backrohr vorheizen

ZUBEREITUNG

Die Lauchstangen dritteln und in Salzwasser weich kochen. Abtropfen lassen. Je eine Lauchstange mit einer Scheibe Käse und einer Scheibe Schinken umwickeln. In eine gefettete Auflaufform legen. Das Mehl mit dem kalten Wasser anrühren. Mit Obers, Salz, geriebener Muskatnuss und Suppenwürze binden. Über die Rollen gießen. Die Auflaufform mit Alufolie oder Deckel verschließen. Im Backrohr backen.

RINDSROULADE MIT LAUCHFÜLLUNG

ZUTATEN

4 dünne Rinderschnitzel,
4 Scheiben Speck,
1 Stange Lauch,
Senf, Salz, 125 ml Gemüsebrühe,
125 ml Weißwein,
125 ml Obers (Sahne)

ZUBEREITUNG

Rinderschnitzel salzen, pfeffern und eventuell über Nacht in Öl marinieren. Am nächsten Tag mit Senf bestreichen, mit den Speckscheiben belegen und die in ca. 5 cm lange Lauchstange darauflegen. Die Rinderschnitzel einrollen und in Öl scharf anbraten. Mit der Gemüsebrühe und dem Wein aufgießen. Das Fleisch in dieser Soße weich dünsten. Eventuell noch Flüssigkeit dazugeben. Kurz bevor das Fleisch gar ist, Obers dazugeben und mitköcheln lassen.

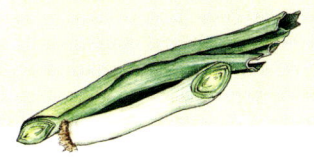

MELANZANI (AUBERGINE)

MELANZANIAUFSTRICH MEDITERRAN

ZUTATEN

1 mittelgroße Melanzani (Aubergine), 1 Tomate,
1 rote Paprikaschote,
1 grüne Paprikaschote,
3 EL Olivenöl,
2 Knoblauchzehen,
Salz, Pfeffer, 1 EL Essig

ZUBEREITUNG

Backrohr auf 250 Grad vorheizen. Die gewaschenen und eingeschnittenen Melanzani, Tomaten und Paprika ins Backrohr legen, bis ihre Haut Blasen wirft. Die Haut abziehen. Das Gemüse möglichst klein schneiden und mit dem Öl vermengen. Die zerdrückten Knoblauchzehen und den Essig dazugeben. Mit Salz und Pfeffer abschmecken.

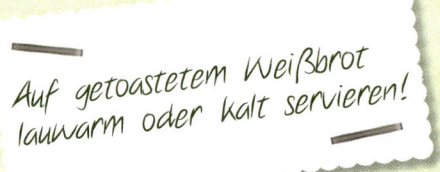

Auf getoastetem Weißbrot lauwarm oder kalt servieren!

ÜBERBACKENE MELANZANISCHEIBEN „RUDOLFO"

ZUTATEN

3 mittelgroße Melanzani (Auberginen), 400 g Mozzarella, 4 hart gekochte Eier, 1 Bund Basilikum, geriebener Parmesan

Für die Soße: 1 große Zwiebel, 500 g pürierte Tomaten, 1 Lorbeerblatt, Salz, Pfeffer, 1 KL Zucker

Backtemperatur: 200 Grad
Backzeit: bis die Flüssigkeit verdampft ist

ZUBEREITUNG

Für die Soße die geriebene Zwiebel in Olivenöl anschwitzen. Die pürierten Tomaten, Lorbeerblatt, Salz, Pfeffer, Zucker dazugeben und eine halbe Stunde sämig kochen. Die Melanzani (Aubergine) in 1 cm dicke Scheiben schneiden und in Öl beidseitig goldgelb braten. Eine feuerfeste Form schichtweise mit den Melanzani (Aubergine), der Tomatensoße, den Mozzarellascheiben, den geschnittenen Eiern und den Basilikumblättern auslegen. Mit Parmesan abschließen. Im Backrohr backen.

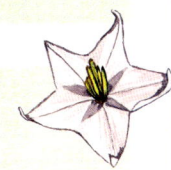

MELANZANI „CORDON BLEU"

ZUTATEN

2 bis 3 Melanzani (Auberginen),
8 Scheiben würziger Käse,
8 Scheiben Schinken,
2 EL Mehl, 1 Ei
Olivenöl zum Braten

ZUBEREITUNG

Die Melanzani waschen und der Länge nach in ca. 16 dünne Scheiben schneiden. Zwischen je zwei Melanzanischeiben eine Käsescheibe und eine Schinkenscheibe legen. Die Auberginenpakete in gesalzenem Mehl und danach im verquirlten Ei wenden. Olivenöl erhitzen und die Schnitzel auf beiden Seiten backen.

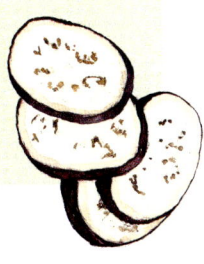

MELANZANI

MELANZANI-MOUSSAKA

ZUTATEN

ZUBEREITUNG

2 Melanzani (Auberginen),
500 g Kartoffeln,
125 ml Olivenöl,
2 Zwiebeln,
2 Knoblauchzehen,
500 g Faschiertes (Hackfleisch), Salz, Pfeffer, Rosmarin, Thymian, Salbei,
2 EL Tomatenmark,
125 ml Rotwein
Überguss: 250 g Joghurt, 3 Eier, 2 EL Mehl,
1 Msp. Backpulver, Salz
Backtemperatur: 180 Grad
Backzeit: 40 Minuten,
10 Minuten für den Überguss

Melanzani waschen, säubern und in Scheiben schneiden. Die Kartoffeln schälen und ebenfalls in Scheiben schneiden. Kartoffeln und Melanzani in Öl braten und beiseite stellen. Die Zwiebeln in Öl anrösten, das Faschierte dazugeben und anbraten. Tomatenmark und Gewürze darunter mischen und mit Rotwein ablöschen. Nun alles in eine feuerfeste Form schlichten und das Gericht ca. 40 Min. backen. Eier mit Joghurt, Backpulver, Mehl und Salz verrühren und darüber gießen. Etwa weitere 10 Min. backen.

GEFÜLLTE MELANZANI

ZUTATEN

2 mittelgroße Melanzani (Auberginen),
1/2 rote Zwiebel,
2 Tomaten, 1 rote Paprikaschote,
200 g Zucchini, 125 g Mozzarella, 2 EL Olivenöl,
1 TL Tomatenmark,
7 EL Weißwein,
1 bis 2 Knoblauchzehen,
Oregano, Tabasco

Backtemperatur: 200 Grad
Backzeit: 10 Minuten, Backrohr auf 180 Grad vorheizen.

Dazu serviert man Baguette oder Knoblauchtoast.

ZUBEREITUNG

Backblech dünn mit Öl bestreichen. Die Melanzani der Länge nach halbieren und an den Unterseiten ein wenig abflachen. Schnittflächen salzen und mit Öl beträufeln. Melanzanihälften auf das Backblech legen und im vorgeheizten Rohr ca. 20 Min. braten. Die fein gehackte Zwiebel in Olivenöl anrösten. Die in Würfel geschnittenen Tomaten, Paprika und Zucchini dazugeben und mitrösten. Tomatenmark einrühren und mit Wein aufgießen. Mit Salz, Pfeffer und Oregano, Tabasco und zerdrücktem Knoblauch würzen und kurz mitköcheln lassen. Melanzani aus dem Backrohr nehmen und so viel Fruchtfleisch herauslösen, dass rundum eine ca. 1 cm dicke Wand stehen bleibt. Fruchtfleisch in Stücke schneiden und unter das Gemüse mischen. Die Masse in die ausgehöhlten Melanzanihälften füllen, mit Mozzarellascheiben belegen und im vorgeheizten Backrohr überbacken.

PAPRIKA

PAPRIKA-AUFSTRICH MIT SALAMI

ZUTATEN

1 große Paprikaschote,
1 kleine Zwiebel,
100 g Salami,
125 g Crème fraîche,
frischer Thymian,
Salz, Paprikapulver

ZUBEREITUNG

Paprikaschote waschen, halbieren, die Kerne entfernen und in kleine Stücke schneiden.
Die Zwiebel und die Salami sehr klein schneiden, mit der Crème fraîche verrühren und mit Thymian, Salz und Paprikapulver abschmecken. Mit den Paprikastückchen vermischen.

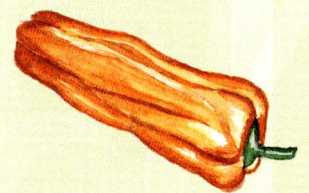

PAPRIKA

MARINIERTE PAPRIKA

ZUTATEN

1 kg Paprikaschoten (rot, gelb), 60 ml Olivenöl, 2 gehackte Knoblauchzehen, Salz, Pfeffer, 1 EL Weinessig

Backtemperatur: 250 Grad
Backzeit: bis die Haut der Paprikaschoten Blasen wirft

ZUBEREITUNG

Backrohr vorheizen. Die Paprikaschoten halbieren, entkernen und mit der Schnittfläche nach unten auf ein geöltes Backblech legen. So lange backen, bis die Haut Blasen wirft und etwas dunkel wird. Aus dem Backrohr nehmen, mit einem feuchten Tuch bedecken und etwas abkühlen lassen. Die Paprikaschoten häuten und in breite Streifen schneiden. Aus Öl, Essig, Salz, Pfeffer und gepresstem Knoblauch eine Marinade rühren und die Paprikastreifen darin marinieren.

Passt sehr gut zu gegrillten Speisen und bleibt im Kühlschrank einige Tage lang frisch!

PAPRIKA-SCHAFS-KÄSE-TASCHEN

ZUTATEN

1 rote Paprikaschote,
1 grüne Paprikaschote,
200 g Schafskäse,
50 g Hartkäse,
2 Pkg. Blätterteig,
Thymian, Dill, Salz, Pfeffer,
1 Eigelb und etwas Milch zum Bestreichen

Backtemperatur: 180 Grad
Backzeit: ca. 20 Minuten

ZUBEREITUNG

Schafskäse und Hartkäse fein reiben und mit den Gewürzen abschmecken. Die Paprikaschoten waschen, fein würfeln und zur Schafskäsemischung geben. Den Blätterteig ausrollen und in Rechtecke schneiden (Größe nach Belieben). Ein Häufchen der Schafskäsemischung darauf geben, die Ränder mit Wasser bestreichen und zusammenklappen. Eventuell mit dem restlichen Teig verzieren. Eigelb mit Milch verquirlen, Taschen damit bestreichen und goldgelb backen.

Ein besonderes „Aperitif-Häppchen"!

PAPRIKA

LETSCHO

ZUTATEN

4 Paprikaschoten,
6 Tomaten,
3 Zwiebeln,
Öl zum Braten,
50 g Speck,
2 TL Paprikapulver,
Salz

ZUBEREITUNG

Paprikaschoten waschen und in dünne Scheiben schneiden. Die Tomaten kurz blanchieren, häuten und in Spalten schneiden. Die Zwiebeln in Ringe schneiden. Den fein geschnittenen Speck in Öl anbraten, die Zwiebeln mitrösten, Paprikaschoten und Paprikapulver dazugeben und ebenfalls kurz mitrösten. Die Tomatenspalten dazugeben, salzen und bei geringer Hitze weich dünsten.

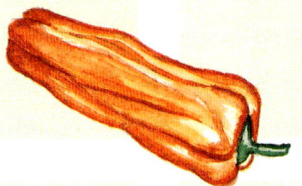

GEFÜLLTE PAPRIKA

ZUTATEN

8 mittelgroße Paprikaschoten, 100 g gekochter Reis, 500 g Faschiertes (Hackfleisch), 2 kleine Zwiebeln, 1 Ei, 1 Knoblauchzehe, 2 EL fein gehackte Kräuter (Dill, Petersilie, Thymian), 125 ml Gemüsebrühe
Backtemperatur: 200 Grad
Backzeit: 60 Minuten zugedeckt und 15 Min. ohne Deckel

ZUBEREITUNG

Die „Deckel" der Paprikaschoten abschneiden und die Kerne entfernen. Das Faschierte salzen und pfeffern und mit den gehackten Zwiebeln, dem Ei und dem zerdrückten Knoblauch vermischen. Reis und Kräuter dazugeben. Die Paprikaschoten mit dieser Mischung füllen und in eine feuerfeste Form stellen. Mit Gemüsebrühe angießen und zugedeckt im Backrohr dünsten lassen.

Mit Tomatensoße und Kartoffeln servieren.

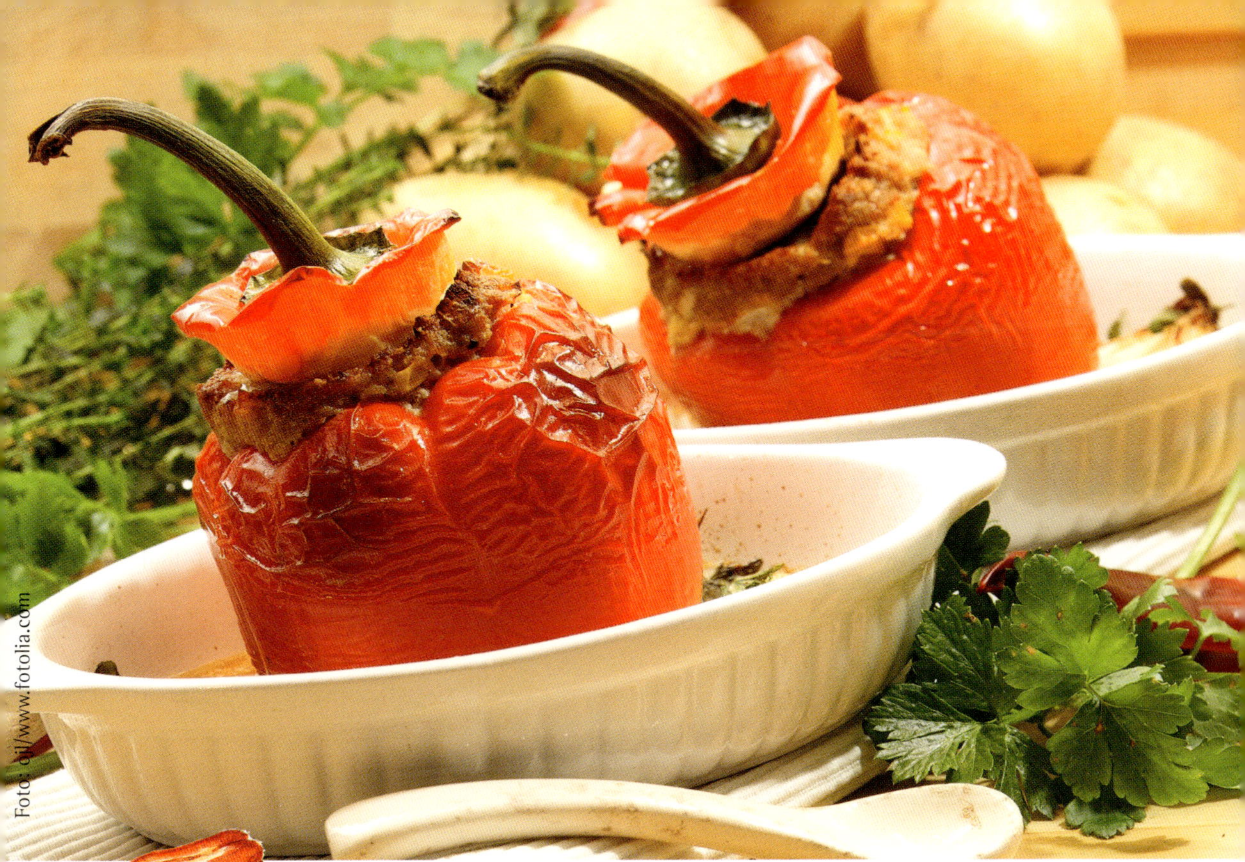

Foto: dil/www.fotolia.com

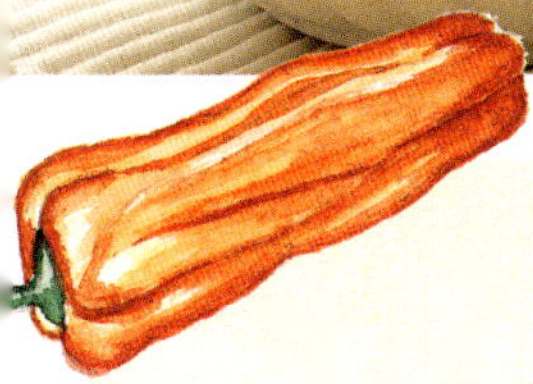

PAPRIKASCHNITZEL

ZUTATEN

4 rote Paprikaschoten,
4 Kalbsschnitzel,
40 g Speck,
1/2 Zwiebel,
Salz, Pfeffer, 1 TL Mehl,
1 KL Paprikapulver,
250 ml Gemüsebrühe,
125 ml Obers (Sahne),
Öl zum Braten

ZUBEREITUNG

Die Schnitzel klopfen, salzen und pfeffern. Im heißen Öl die Kalbschnitzel rasch braten und anschließend beiseite stellen. Die in Ringe geschnittene Zwiebel und den Speck rösten, Paprikaschoten in feine Streifen schneiden und mitdünsten. Das Paprikapulver dazugeben, mit dem Mehl stauben und mit der Gemüsebrühe aufgießen. Etwas köcheln lassen. Obers hinzufügen, die Schnitzel dazulegen und etwas mitdünsten lassen.

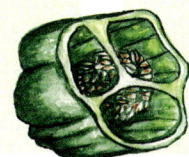

Sehr gut mit Bandnudeln!

SELLERIE

SELLERIESUPPE „GARTENLUST"

ZUTATEN

1 kleine Sellerieknolle,
1 EL Butter,
Petersilie, Maggikraut
(Liebstöckel),
1 Liter Gemüsebrühe,
250 ml Milch,
Salz, Pfeffer,
geriebene Muskatnuss

ZUBEREITUNG

Sellerie schälen und in große Stücke schneiden. Die fein geschnittene Petersilie in Butter anrösten, die Selleriewürfel dazugeben, mit der Gemüsebrühe aufgießen und weich kochen.
Wenn der Sellerie weich ist, die Milch dazugeben und mit dem Pürierstab fein pürieren. Mit Salz, Pfeffer und Muskatnuss abschmecken.

SELLERIEAUFSTRICH

ZUTATEN

100 g Sellerie,
1 kleiner Apfel,
250 g Topfen (Quark),
2 EL Sauerrahm (saure Sahne), 1 TL Zitronensaft,
Salz, gehackte
Walnüsse (nach Belieben)

ZUBEREITUNG

Sellerie und Apfel schälen, fein reiben und mit dem Zitronensaft beträufeln.
Den Topfen mit dem Sauerrahm (der Sauren Sahne) verrühren und die Apfel-Selleriemasse einrühren. Mit Salz abschmecken und die gehackten Walnüsse darüber streuen.

PIKANTER SELLERIESALAT

ZUTATEN

1 kleine Sellerieknolle,
2 Äpfel, 1 Orange,
50 g geröstete
Walnusskerne,
Saft einer halben Zitrone,
50 g Mayonnaise,
etwas Joghurt,
Salz, Pfeffer

ZUBEREITUNG

Sellerieknolle waschen, schälen und fein reiben. Äpfel schälen, grob raspeln und mit Zitronensaft beträufeln. Die Orange schälen und in kleine Stücke schneiden. Mayonnaise und Joghurt verrühren. Alles zu einem Salat vermischen und die Walnusskerne darüber streuen.

SELLERIE

SELLERIE-GORGONZOLA-TOAST

ZUTATEN

300 g geschälter Sellerie,
100 g Gorgonzola,
1 EL Butter,
4 Toastbrotscheiben,
1 EL grob gehackte Walnüsse, Butter zum Bestreichen der Toasts,
Salz, Pfeffer

ZUBEREITUNG

Sellerie in Salzwasser weich dünsten. Anschließend den Gorgonzola fein reiben und mit dem grob geraspelten Sellerie vermengen. Mit Salz und Pfeffer abschmecken. Die Toastbrotscheiben mit Butter und der Käse-Sellerie-Creme bestreichen. Mit den Walnüssen bestreuen und im Rohr überbacken, bis die Toasts goldgelb sind.

Sellerie mit Käse – eine wunderbare Kombination!

SELLERIESCHNITZEL

ZUTATEN

1 Knollensellerie, Semmelbrösel (Paniermehl), Mehl zum Wenden, 1 Ei (mit etwas Milch verrühren), Salz, Fett zum Backen

ZUBEREITUNG

Knollensellerie schälen, in dünne Scheiben schneiden und bissfest kochen. Anschließend abseihen, salzen, in Mehl, Ei und Semmelbröseln (Paniermehl) panieren. In heißem Fett goldgelb backen.

Mit Kartoffelpüree servieren!

SPARGEL

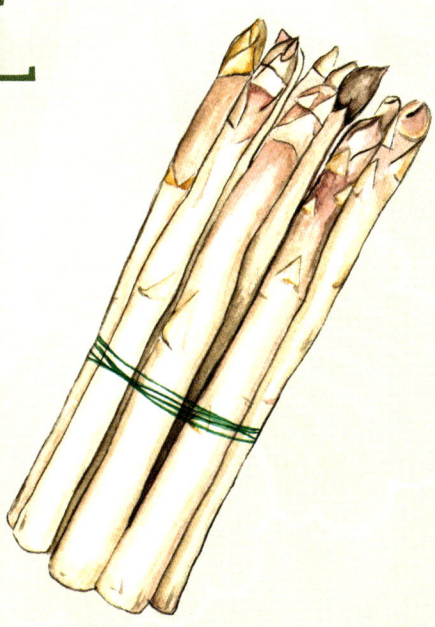

SPARSAME SPARGELCREMESUPPE

ZUTATEN

1 l Spargelbrühe (aus Spargelschalen),
2 Gemüsebrühwürfel,
2 EL Butter,
2 EL Mehl,
125 ml Obers (Sahne),
2 Eigelb, Salz, weißer Pfeffer, 1 TL Curry,
1 TL Zucker,
1 EL Cognac

ZUBEREITUNG

Spargelschalen in 1 l Salzwasser kochen, abseihen und die Brühe auffangen. Butter in einem Topf erhitzen und das Mehl anschwitzen. Mit Spargelbrühe aufgießen und die Gemüsebrühwürfel, Curry und Zucker dazugeben. Obers und Eigelb verquirlen und in die Suppe einrühren. Die Suppe nicht mehr aufkochen lassen.
Mit Salz, Pfeffer und Cognac abschmecken.

Gute Verwertungsmöglichkeit für Spargelschalen!

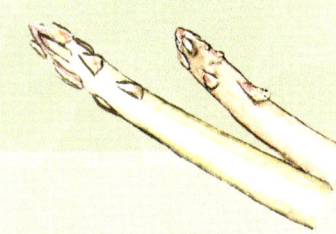

SPARGEL

EFERDINGER SPARGELSUPPE

ZUTATEN

500 g weißer Spargel,
1,5 Liter Gemüsebrühe,
40 g Butter,
50 g Mehl,
5 EL Obers (Sahne),
2 Eigelb, Salz

ZUBEREITUNG

Spargelstangen waschen, schälen und in 3 cm lange Stücke schneiden. Ca. 15 Min. in gesalzenem Wasser gar kochen. Aus Butter und Mehl eine helle Einbrenn (Mehlschwitze) bereiten, mit dem Spargelwasser aufgießen und köcheln lassen. Die Spargelstücke dazugeben und kurz mitkochen lassen. Eigelb mit Obers verquirlen und in die Suppe rühren.

SPARGELAUFSTRICH

ZUTATEN

500 g weißer Spargel,
1 Zwiebel,
1 EL Butter frischer Kerbel,
Salz, Pfeffer

ZUBEREITUNG

Die gewaschenen und geschälten Spargelstangen in hauchdünne Scheibchen schneiden.
Zwiebel fein schneiden und in der Butter glasig anschwitzen lassen. Die Spargelscheiben dazugeben und ca. 10 Min. bei geringer Hitze mitrösten lassen. Salzen und pfeffern. Vom Herd nehmen und im zugedeckten Topf noch 15 Min. ziehen lassen. Das Spargelgemisch auskühlen lassen. Mit Kerbel bestreut servieren.

GRÜNER SPARGELSALAT

ZUTATEN

1 kg grüner Spargel,
300 g Shrimps (oder Garnelen),
5 Frühlingszwiebeln,
2 EL Öl,
1 Knoblauchzehe,
4 EL Essig,
Salz, Pfeffer,
etwas Wasser

ZUBEREITUNG

Den Spargel waschen, am unteren Ende schälen und bissfest kochen. In ca. 3 cm lange Stücke schneiden. Für die Marinade Zwiebeln in feine Ringe schneiden. Essig, Öl, Wasser, Salz und Pfeffer gut verrühren und über den Spargelsalat gießen. Olivenöl erhitzen und den zerdrückten Knoblauch glasig dünsten. Die Shrimps mitrösten und auf den fertigen Salat legen.

SPARGEL-BLÄTTERTEIGROLLE

ZUTATEN

1 Pkg. Blätterteig (ca. 300 g), 500 g grüner Spargel, 4 Scheiben Edamer, 4 Scheiben Parmaschinken, 1 Ei zum Bestreichen,
Backtemperatur: 200 Grad
Backzeit: ca. 15 Minuten

ZUBEREITUNG

Den Spargel an den Enden schälen und in Salzwasser bissfest kochen. Den Blätterteig ausrollen und ca. 5 x 10 cm große Rechtecke ausschneiden. Je ein halbes Blatt Käse und Schinken und 3 halbierte Spargelstangen darauf legen und einrollen. Auf ein mit Backpapier ausgelegtes Backblech legen und mit verquirltem Ei bestreichen.

SCHNELLE HÜHNER-SPARGEL-PFANNE

ZUTATEN

500 g grüner Spargel,
500 g Hühnerfleisch,
1 große Zwiebel,
Öl zum Braten,
250 ml Obers (Sahne),
2 EL Cognac,
1 Bund frische Kräuter (z.B. Kerbel),
Salz, Pfeffer

ZUBEREITUNG

Spargel waschen und an den unteren Enden schälen. Zwiebel in Öl anrösten, das in Streifen geschnittene Hühnerfleisch dazugeben und mitrösten. Den Spargel in ca. 3 cm lange Stücke schneiden und ebenfalls mitrösten. Mit Cognac ablöschen und mit Obers (Sahne) aufgießen. Vor dem Servieren die fein geschnittenen Kräuter in die Soße geben. Mit Salz und Pfeffer abschmecken.

SPARGELRISOTTO

ZUTATEN

500 g grüner Spargel,
500 g weißer Spargel,
1 Zwiebel,
1 Schuss Weißwein,
1 Knoblauchzehe,
4 EL Olivenöl,
500 g Risottoreis,
1 l Gemüsebrühe,
Salz, Pfeffer,
geriebener Parmesan

ZUBEREITUNG

Spargel waschen und schälen. Die Spargelspitzen abschneiden, kurz in heißem Wasser bissfest kochen und beiseite legen. Den restlichen Spargel in ca. 3 cm lange Stücke schneiden. Zwiebel und Knoblauch in Olivenöl anrösten, den Risottoreis dazugeben und glasig dünsten. Mit Weißwein ablöschen und mit der Hälfte der Gemüsebrühe aufgießen. Unter ständigem Rühren köcheln lassen. Die kleinen Spargelstücke dazugeben und nach und nach mit der restlichen Gemüsebrühe aufgießen. So lange köcheln lassen, bis der Reis gar ist. Mit Salz und Pfeffer abschmecken. Den geriebenen Parmesan untermischen und mit den Spargelspitzen garniert servieren.

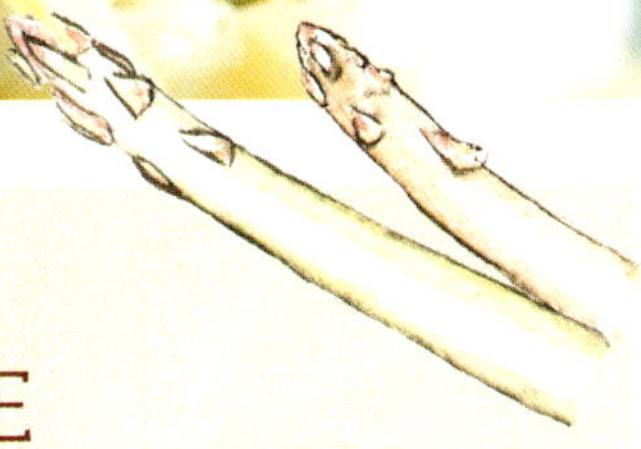

NUDELN MIT SPARGELSOSSE

ZUTATEN

1 kg grüner Spargel,
75 g Butter,
1 große Zwiebel,
3 EL Obers (Sahne),
450 g Nudeln (Penne),
75 g geriebener Parmesan, Salz, Pfeffer

ZUBEREITUNG

Den gewaschenen und im unteren Drittel geschälten Spargel bissfest kochen. Die Spargelspitzen abschneiden und beiseite stellen. Die restlichen Spargelstangen in 1 cm lange Stücke schneiden. Die Butter erhitzen und die fein geschnittene Zwiebel darin goldgelb rösten. Die Spargelstücke sowie das Obers dazugeben und zu einer sämigen Soße kochen. Inzwischen die Nudeln bissfest kochen, abseihen und mit der Soße und dem geriebenen Parmesan vermischen. Mit Salz und Pfeffer abschmecken und mit den Spargelspitzen garniert servieren.

SPINAT

SPINATSALAT MIT JOGHURT

ZUTATEN

500 g frischer Blattspinat,
250 g Joghurt,
2 EL Olivenöl,
2 Knoblauchzehen,
1 EL Zitronensaft,
Salz, Pfeffer

ZUBEREITUNG

Den Spinat waschen, blanchieren und abkühlen lassen. Öl, Joghurt, Salz, zerdrückte Knoblauchzehen und Zitronensaft verrühren und über den grob geschnittenen Spinat gießen.

Schmeckt sehr gut zu gegrilltem Fleisch!

SPINAT-TOAST

ZUTATEN

8 Scheiben Toast,
1 EL Butter,
500 g Blattspinat,
200 g Champignons,
8 Scheiben Schmelzkäse,
8 Scheiben Schinken,
Butter zum Bestreichen
der Toastscheiben,
Salz, Pfeffer
Backtemperatur: 200 Grad
Backzeit: ca. 20 Minuten;
Backrohr vorheizen

ZUBEREITUNG

Den gewaschenen und abgetropften Spinat in der erhitzten Butter zugedeckt anschwitzen lassen, bis er zusammenfällt. Salzen, pfeffern und die Flüssigkeit verdunsten lassen. Die Champignons blanchieren und in Scheiben schneiden. Die Toastscheiben mit Butter bestreichen und mit je einem Schinkenblatt belegen. Nun den gut abgetropften Spinat darübergeben, die Champignons darauf verteilen, mit je einem Käseblatt abdecken und im Backrohr backen.

Auch köstlich mit frischen Waldpilzen statt der Champignons!

SPINATNOCKERLN „ARTHUR"

ZUTATEN

350 g griffiges Mehl
(D: Type 405),
250 ml Milch,
2 Eier, Salz,
100 g Blattspinat,
1 kleine Zwiebel,
2 Knoblauchzehen,
Salz, Pfeffer, etwas Öl,
Parmesan

ZUBEREITUNG

Aus Mehl, Milch, Eiern und Salz eine Nockerlmasse (Klößchenmasse) rühren. Fein geschnittene Zwiebel und zerdrückten Knoblauch in Olivenöl anrösten. Gewaschenen und grob geschnittenen Blattspinat dazugeben und kochen, bis die Flüssigkeit verdampft ist. Mit dem Mixstab pürieren und zur Nockerlmasse geben. Mit einem Esslöffel Nockerln in kochendes Salzwasser einlegen und köcheln lassen. Die fertigen Nockerln abseihen, in Butter schwenken und mit Parmesan bestreut servieren.

SPINAT

Mit zerlassener Butter und geriebenem Parmesan servieren!

SPINATKNÖDEL MIT GORGONZOLA

ZUTATEN

250 g Blattspinat, 350 g Semmelwürfel (würfelig geschnittene Brötchen), etwas heiße Milch zum Einweichen, 50 g Butter, 50 g Gorgonzola, 2 Eier, 4 EL Mehl, 1 Knoblauchzehe, geriebene Muskatnuss, 3 EL verschiedene, klein gehackte Kräuter, Salz, Pfeffer

ZUBEREITUNG

Semmelwürfel in heißer Milch einweichen. Butter in einer Pfanne schmelzen lassen, Gorgonzola dazugeben und, sobald er geschmolzen ist, unter die Semmelwürfel mischen. Die gepresste Knoblauchzehe und die Kräuter in etwas Öl andünsten, den klein gehackten Spinat dazugeben und mitdünsten, bis die Flüssigkeit verdampft ist. Nun unter die Semmelwürfelmasse mischen. Eier und Mehl ebenfalls dazugeben und zu einem Knödelteig rühren. Wenn nötig, noch etwas Milch beigeben. Knödel formen und in Salzwasser ca. 10 Min. kochen lassen.

SPINATFLADEN

ZUTATEN

500 g Spinat,
200 g Mehl,
375 ml Milch,
3 Eigelb, 3 Eiweiß,
2 Msp. Backpulver,
Salz, Pfeffer, Muskatnuss,
Fett zum Backen

ZUBEREITUNG

Den Spinat waschen, blanchieren, auf einem Sieb gut abtropfen lassen und grob hacken. Mit Salz, Pfeffer und Muskatnuss würzen. Aus Mehl, Backpulver, Milch und Salz einen glatten Teig bereiten und Eigelb unterrühren. Eiweiß zu steifem Schnee schlagen und mit dem Spinat vorsichtig unter den Teig heben. In einer Pfanne Fett erhitzen, den Teig in Portionen eingießen und Omeletten backen.

Vor dem Servieren mit Petersilie und geriebenem Parmesan bestreuen!

SPINATTORTE MIT SCHAFSKÄSE

ZUTATEN

Zutaten für den Teig:
250 g Mehl, 200 g Butter,
250 g Topfen,
1 Ei, Salz

Zutaten für die Fülle:
300 g Spinatblätter,
200 g Schafkäse,
3 Knoblauchzehen, Salz

Zutaten für den Guss:
1/8 l Sauerrahm, 2 Eier,
Salz, geriebene
Muskatnuss

Backtemperatur: 200 Grad
Backzeit: ca. 40 Minuten

ZUBEREITUNG

Mehl mit Butter abbröseln und mit Topfen, dem Ei und dem Salz rasch verkneten und 30 Min. kühl rasten lassen. Anschließend den Teig ausrollen, in eine Tortenform legen und einen ca. 2 cm hohen Teigrand drücken. Die Spinatblätter blanchieren, gut abtropfen lassen, salzen und mit den zerdrückten Knoblauchzehen vermischen. Den Teig mit dem Spinat belegen. Den Schafkäse zerdrücken und darüber verteilen. Den Sauerrahm und die Eier versprudeln und mit Salz und Muskatnuss würzen und über den Schafkäse gießen. Im Backrohr goldgelb backen.

HÜHNERSCHNITZEL GEFÜLLT MIT BLATTSPINAT

ZUTATEN

4 Hühnerschnitzel,
200 g Blattspinat,
4 Scheiben Hartkäse
(z.B. Emmentaler),
Salz, Pfeffer

Für die Panade: Mehl zum Wenden, 2 Eier,
50 g geriebener
Parmesan, Öl zum Backen

ZUBEREITUNG

Blattspinat blanchieren und gut abtropfen lassen. Hühnerschnitzel dünn klopfen, salzen und pfeffern. Mit Spinat belegen und je eine Scheibe Emmentaler darauf legen. Schnitzel zusammenfalten und mit einem Zahnstocher fixieren. Die Eier mit dem geriebenen Parmesan gut verrühren. Die Schnitzel in Mehl wenden und durch die Eier-Parmesanmasse ziehen. Öl erhitzen und die Schnitzel darin backen.

TOMATEN

TOMATENSUPPE

ZUTATEN

ZUBEREITUNG

1 kg Tomaten,
1 große Zwiebel,
2 EL Olivenöl,
Basilikum, 2 TL Zucker,
Salz, 6 EL Obers
(Sahne), 500 ml
Gemüsebrühe

Zwiebel schälen und in dünne Ringe schneiden. Tomaten kurz in heißes Wasser geben, häuten und würfelig schneiden. Zwiebel in Öl anrösten, Zucker und Tomaten kurz mitrösten. Mit Gemüsebrühe aufgießen und kochen lassen, bis die Tomaten weich sind. Basilikum und Obers dazugeben und fein pürieren.

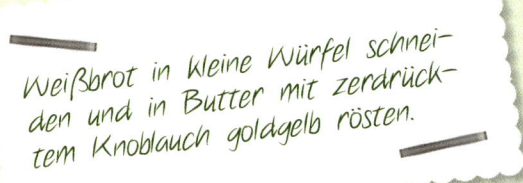

Weißbrot in kleine Würfel schneiden und in Butter mit zerdrücktem Knoblauch goldgelb rösten.

TOMATEN-EI-AUFSTRICH

ZUTATEN

4 Fleischtomaten,
5 Eier, 1 Zwiebel,
300 g Crème fraîche,
1 EL Basilikum oder
Petersilie, Salz, Pfeffer

ZUBEREITUNG

Eier hart kochen und klein hacken. Die Zwiebel und die Tomaten ebenfalls sehr klein schneiden. Vorsichtig mit der Crème fraîche verrühren. Mit fein geschnittenem Basilikum, Salz und Pfeffer abschmecken und mit den gehackten Eiern vermengen.

TOMATEN MIT FISCHFÜLLUNG

ZUTATEN

4 Tomaten, 1 Dose
Thunfisch, 1 EL Öl,
2 EL Essig,
1 kleine Zwiebel,
2 EL Petersilie,
1 gekochtes Ei,
Salz, Pfeffer

ZUBEREITUNG

Den Thunfisch in kleine Stücke zerpflücken. Von den Tomaten eine kleine Kappe abschneiden, aushöhlen und salzen. Das Tomatenfleisch, die Zwiebel und das Ei klein schneiden und mit dem Thunfisch vermengen.
Aus Essig, Öl, Pfeffer, Salz und Petersilie eine Marinade rühren, mit der Thunfischmasse vermengen und abschmecken. Die Tomaten damit füllen und den Deckel darauf setzen.

TOMATEN

BRUSCHETTA

ZUBEREITUNG

Tomaten blanchieren, häuten und in kleine Würfel schneiden. Knoblauch und Basilikum fein hacken und mit dem Olivenöl zu den Tomatenwürfeln geben. Diese Masse auf den Weißbrotscheiben verteilen. Im Backrohr goldbraun rösten.

ZUTATEN

1 Baguette,
2 Tomaten,
2 Knoblauchzehen,
1 Bund Basilikum,
3 EL Olivenöl,
Salz, Pfeffer
Backtemperatur: 250 Grad
Backzeit: ca. 10 Minuten

TOMATEN-LINSEN-SUPPE „SARA"

ZUBEREITUNG

Zwiebel und Karotte feinwürfelig schneiden. Zwiebel in Olivenöl anschwitzen, Karotten dazugeben und Knoblauch mitschwitzen. Gewaschene Linsen und Gewürze dazugeben. Mit Weißwein ablöschen und etwas einkochen lassen. Mit Tomaten und Geflügelfond aufgießen. Getrocknete Chilischote dazugeben und mit Salz und Pfeffer abschmecken. Bei geringer Hitze ca. 30 Minuten köcheln lassen. Wenn die Suppe zu dick ist kann man auch etwas Milch dazugeben. Mit Zitronensaft und Olivenöl abschmecken und mit Kaffeelöffel Joghurt anrichten.

ZUTATEN

100g rote Linsen,
1 Zwiebel,
1 Knoblauchzehe,
1 große Karotte,
Olivenöl,
1 Tl gem. Kreuzkummel,
1 Tl Paprikapulver,
Weißwein zum Ablöschen,
500 g passierte Tomaten
(im Winter auch aus dem Glas möglich),
ca. 250 ml Geflügelfond,
Chilischote, Salz, Pfeffer,
ev. etwas Milch,
Zitronensaft, Joghurt und Salz für die Garnitur

GEBRATENE TOMATEN MIT SCHAFSKÄSE

ZUTATEN

4 große Tomaten,
1 kleine Zwiebel,
2 Knoblauchzehen,
200 g Schafskäse,
Thymian, Oregano,
Basilikum, 5 EL Olivenöl,
Pfeffer

Backtemperatur: 200 Grad
Backzeit: ca. 25 Minuten
(bis die Flüssigkeit verdampft ist); Backrohr vorheizen

ZUBEREITUNG

Die Tomaten blanchieren und häuten. Die Zwiebel und den Knoblauch fein hacken. Eine feuerfeste Form mit Olivenöl ausstreichen. Die Tomaten und den Schafskäse in Scheiben schneiden und abwechselnd in die Form legen. Mit Zwiebel, Knoblauch und Kräutern bestreuen. Mit Pfeffer würzen und dem restlichen Olivenöl beträufeln.

TOMATENSUGO „CORDULA"

ZUTATEN

500 g pürierte Tomaten,
200 g Faschiertes (Hackfleisch),
2 EL Butter,
500 ml Milch,
eventuell 1 scharfe Peperoni

ZUBEREITUNG

Faschiertes in Butter anrösten und mit Salz und Pfeffer abschmecken. Eventuell die geschnittene Peperoni dazugeben. Mit Milch aufgießen. Einkochen lassen. Die Tomaten dazugeben und die Soße bei niedriger Hitze eindicken lassen.

Original italienisches Rezept!

TOMATEN

TOMATENSUGO „KARLI"

ZUTATEN

250 ml pürierte Tomaten,
5 EL Olivenöl,
4 Knoblauchzehen,
1 Zwiebel, 4 Karotten (Möhren),
125 ml Rotwein,
ein Schuss Milch,
300 g faschiertes Rindfleisch (Rindergehacktes),
Oregano, Basilikum, Thymian, Salz, Pfeffer

ZUBEREITUNG

In einem großen Topf das Öl erhitzen. Den geschälten und fein geschnittenen Knoblauch und die gehackte Zwiebel anrösten. Das Faschierte (Hackfleisch) dazugeben und scharf anbraten. Mit Rotwein aufgießen. Die geraspelten Karotten (Möhren), die pürierten Tomaten und die Kräuter dazugeben und dünsten lassen.
Mit Salz und Pfeffer abschmecken und mit einem Schuss Milch verfeinern.

RINDERSCHNITZEL IN TOMATENSOSSE

ZUTATEN

4 Rinderschnitzel,
400 g Tomaten,
1 Knoblauchzehe,
5 EL Olivenöl,
Oregano, Salz, Pfeffer,
ca. 125 ml Rotwein,
125 g Crème fraîche

ZUBEREITUNG

Tomaten blanchieren, häuten und klein schneiden. Schnitzel klopfen, salzen und pfeffern. In einer Pfanne Olivenöl erhitzen, die zerdrückte Knoblauchzehe anrösten, das gewürzte Fleisch einlegen und mitrösten. Tomaten und Oregano dazugeben und mit Rotwein aufgießen. Zugedeckt weich dünsten. Die Soße mit Crème fraîche verfeinern.

HUHN IN TOMATENSOSSE

ZUTATEN

1 Huhn, 6 geschälte Tomaten, 3 bis 4 Knoblauchzehen,
Salz, Pfeffer, Thymian,
etwas Butter,
125 ml Gemüsebrühe,
125 ml Obers (Sahne)
Backtemperatur: 200 Grad
Backzeit: ca. 60 Minuten; Backrohr vorheizen

ZUBEREITUNG

Das Huhn waschen und in kleine Stücke zerteilen. Die Hühnerteile salzen, pfeffern und die fein gehackten Knoblauchzehen unter die Haut schieben. Die Hühnerteile auf ein tiefes Blech legen und einige Butterflöckchen darauf verteilen, mit Thymian bestreuen und ca. 30 Min im Backrohr braten. Die geschälten Tomaten fein hacken, dazugeben und kurz mitdünsten lassen. Mit Gemüsebrühe aufgießen und fertig braten lassen. Vor dem Servieren mit Obers verfeinern.

Wird auf Suppentellern serviert. Die Soße ist besonders köstlich und lässt sich mit frischem Baguette auftunken!

KALBSSCHNITZEL MIT MOZZARELLAHAUBE

ZUTATEN

500 g Tomaten,
4 große Kalbsschnitzel,
400 g Mozzarella,
2 Knoblauchzehen,
5 EL Olivenöl,
Salz, Pfeffer, Oregano

ZUBEREITUNG

Tomaten blanchieren, häuten und anschließend klein schneiden. Schnitzel klopfen und mit Salz, Pfeffer und Oregano würzen. Das Olivenöl erhitzen und die zerdrückten Knoblauchzehen anrösten. Die Schnitzel dazugeben und mitbraten. Tomaten zugeben, salzen und pfeffern. Alles bei kleiner Flamme weich dünsten. Den klein geschnittenen Mozzarella darüber verteilen, zergehen lassen und sofort servieren.

ZUCCHINI

ZUCCHINISUPPE

ZUTATEN

600 g Zucchini,
1 große Zwiebel,
1/2 Liter Gemüsebrühe,
1 EL Olivenöl,
1 EL Butter,
125 ml Obers (Sahne),
2 Knoblauchzehen,
Petersilie, Oregano,
Thymian, Basilikum,
Maggikraut (Liebstöckel)

ZUBEREITUNG

Öl und Butter in einem Topf erhitzen. Die fein geschnittene Zwiebel, den zerdrückten Knoblauch und die fein gehackten Kräuter anrösten. Die gewaschenen, in große Würfel geschnittenen Zucchini dazugeben und ebenfalls kurz mitrösten. Mit der Gemüsebrühe aufgießen und so lange köcheln lassen, bis die Zucchini weich sind. Zum Verfeinern Obers (Sahne) dazugeben und die Suppe fein pürieren. Mit Salz und Pfeffer abschmecken.

Mit Knoblauchcroutons servieren!

ZUCCHINIAUFSTRICH

ZUTATEN

200 g Zucchini,
1 EL Olivenöl,
1 kleine Zwiebel,
1 Knoblauchzehe,
1 EL frische Petersilie,
1 EL frisches Basilikum,
1/2 EL Zitronensaft,
120 g Mascarpone,
Salz, Pfeffer

ZUBEREITUNG

Zucchini grob raspeln, salzen und fest durch ein Sieb ausdrücken. Das Olivenöl erhitzen und die klein geschnittene Zwiebel sowie die zerdrückten Knoblauchzehen darin anrösten. Die Zucchini dazugeben und mitrösten, bis die Flüssigkeit verdampft ist. Abkühlen lassen.
Mascarpone mit Salz, Pfeffer, Zitronensaft und den fein gehackten Kräutern verrühren. Das Zucchinigemisch darunterrühren.

GEBRATENE ZUCCHINISCHEIBEN

ZUTATEN

2 große Zucchini,
Salz, Pfeffer, Mehl,
3 hart gekochte Eier,
200 g Schinkenwurst,
Schnittlauch, Petersilie,
2 EL fertige Mayonnaise,
2 EL Joghurt

ZUBEREITUNG

Zucchini in 5 bis 6 mm dicke Scheiben schneiden, salzen, pfeffern und in Mehl wenden. In heißem Öl rasch hellbraun anbraten, auf Küchenpapier legen und kalt stellen. Hart gekochte Eier fein hacken, Schinkenwurst in feine Würfel schneiden, mit Schnittlauch, Petersilie, Mayonnaise und Joghurt mischen, mit Salz und Pfeffer gut würzen. Die Masse soll nicht zu weich werden. Kalt stellen. Erst kurz vor dem Servieren kleine Häufchen der Eiermasse auf die Zucchinischeiben geben und eventuell noch mit Schnittlauch bestreuen.

ZUCCHINISALAT

ZUTATEN

750 g sehr kleine Zucchini,
4 EL Olivenöl,
1 EL Essig,
Salz, Pfeffer,
1 EL frisch gehackter Oregano,
1 Knoblauchzehe

ZUBEREITUNG

Die Zucchini im Ganzen in Salzwasser ca. 10 Min bissfest kochen. (Falls keine kleinen Zucchini zur Hand, nach dem Kochen in Stücke schneiden.) Abtropfen lassen. Für die Marinade Olivenöl, Essig, Salz und Pfeffer, Oregano und zerdrückte Knoblauchzehe verrühren. Vorsichtig die gekochten Zucchini damit marinieren.

Eine ideale Beilage zu Gegrilltem.

ZUCCHINI-TORTILLA

ZUTATEN

700 g Zucchini,
1 Zwiebel,
1 Knoblauchzehe,
5 El Olivenöl,
6 Eier, 6 EL Obers (Sahne),
Salz, Pfeffer,
geriebene Muskatnuss

ZUBEREITUNG

Die Zucchini waschen und grob raspeln, salzen und durch ein Sieb ausdrücken. In einer Pfanne Olivenöl erhitzen und die fein gehackte Zwiebel und den zerdrückten Knoblauch kurz darin anbraten. Zucchini zugeben, bis die Flüssigkeit verdampft ist. Für die Tortilla Eier mit Obers gut verrühren, mit Salz, Pfeffer und Muskatnuss abschmecken und über die Zucchini gießen. Bei kleiner Hitze zugedeckt stocken lassen.

Eine „Feinschmecker-Eierspeise"!

ZUCCHINI

ZUCCHINISCHNITZEL

ZUTATEN

4 Zucchini, Mehl zum Wenden, 2 Eier, Semmelbrösel (Paniermehl) für die Panier (Panade), 1 Bund Petersilie, Öl, Salz, Pfeffer, Paprikapulver

ZUBEREITUNG

Zucchini waschen in dickere Scheiben schneiden. Erst in Mehl, dann in geschlagenem Ei und einer Mischung aus Semmelbröseln und fein gehackter Petersilie wälzen. In heißem Fett goldgelb backen. Auf einem Küchenpapier abtropfen lassen und anschließend mit Salz, Pfeffer und Paprikapulver würzen.

Schmeckt besonders gut mit einer kalten Kräutersoße. (siehe S. 189)

ZUCCHINIFLADEN

ZUTATEN

500 g Zucchini, 2 Eier,
4 EL Mehl,
2 EL frische Petersilie,
2 EL Dill, Salz, Pfeffer,
1 TL Paprikapulver,
Öl zum Braten

ZUBEREITUNG

Die Zucchini waschen und fein reiben, salzen und kurz ziehen lassen. Eier, Mehl und frisch gehackte Kräuter verrühren. Zucchini in ein Sieb leeren, fest ausdrücken und mit der Eier-Mehl-Masse vermengen. Mit Salz, Pfeffer und Paprikapulver abschmecken. Öl in einer Pfanne erhitzen. Nach und nach einen Esslöffel der Zucchinimasse in das heiße Öl geben, flach drücken und goldgelb auf beiden Seiten braten. Anschließend auf Küchenpapier abtropfen lassen.

Dieses Gericht schmeckt vorzüglich, wenn man eine Knoblauchsoße (siehe S. 189) dazu serviert.

ZUCCHINI MIT THUNFISCHFÜLLUNG

ZUTATEN

6 sehr kleine Zucchini,
1 Dose Thunfisch,
4 EL Semmelbrösel (Paniermehl),
2 EL Parmesan,
1 TL Oregano, 2 Eier,
1 EL Petersilie,
Öl zum Braten,
Salz, Pfeffer

ZUBEREITUNG

Zucchini waschen, halbieren und aushöhlen. Nun 3 bis 4 Min blanchieren.
Für die Füllung die herausgeschabte Zucchinimasse klein schneiden, den Thunfisch in kleine Stücke zerpflücken, mit Eiern, Semmelbröseln, Parmesan, Petersilie, Oregano, Salz und Pfeffer vermischen und in die Zucchinihälften füllen.
In einer Pfanne Öl erhitzen, die gefüllten Zucchinihälften anbraten und zugedeckt bei kleiner Hitze ca. 20 Min. dünsten lassen.

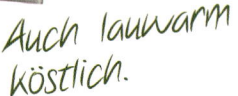
Auch lauwarm köstlich.

ZUCCHINISUGO

ZUTATEN

2 mittelgroße Zucchini,
1 Zwiebel, 1 EL Butter,
1 Knoblauchzehe,
125 ml Obers (Sahne),
Petersilie, Salbei, Thymian,
Salz, Pfeffer

ZUBEREITUNG

In der zerlassenen Butter die fein geschnittene Zwiebel und die zerdrückte Knoblauchzehe anrösten. Nun die klein geschnittenen Zucchini dazugeben. Gewürze, Salz und Pfeffer darunter mischen und zugedeckt weich kochen. Nach und nach das Obers (die Sahne) dazugeben. Wenn die Zucchini weich sind, pürieren und nochmals mit Salz abschmecken.

Auch Vollkornnudeln schmecken sehr gut zu dieser Soße!

ZUCCHINIAUFLAUF MIT SCHINKEN

ZUTATEN

1 kg Zucchini,
200 g Schinken,
200 g geriebener Käse,
3 Eier, 125 g Crème fraîche, Salz, Pfeffer, geriebene Muskatnuss,
2 EL gehackte Petersilie,
Butter für die Form

ZUBEREITUNG

Die Zucchini waschen, grob raspeln, salzen und kurz ziehen lassen. Den Schinken in kleine Würfel schneiden und die Eier mit Crème fraîche verrühren. Die Zucchini in ein Sieb leeren (fest ausdrücken!) und die entstandene Flüssigkeit abseihen. Den Käse, die gehackte Petersilie, das Eiergemisch und den Schinken mit den Zucchini vermengen. Mit Salz, Pfeffer und Muskatnuss abschmecken. Die Mischung in eine gefettete Auflaufform geben und im Backrohr backen.

RISOTTO MIT ZUCCHINI

ZUTATEN

2 mittelgroße Zucchini,
400 g Reis,
2 EL Olivenöl,
1 Zwiebel,
250 g Mascarpone,
500 ml Gemüsebrühe,
250 ml Weißwein,
100 g Parmesan

ZUBEREITUNG

In einem Topf 1 EL Öl erhitzen und die fein gehackte Zwiebel mit dem Reis glasig dünsten. Mit Gemüsebrühe und Weißwein nach und nach aufgießen und köcheln lassen, bis der Reis gar ist.
In einer Pfanne 1 EL Olivenöl erhitzen und die grob geriebenen Zucchini darin anschwitzen.
Mascarpone dazugeben und zugedeckt ca. 5 Min. köcheln lassen. Mit dem Risotto vermengen und mit Parmesan verfeinern.

ZUCCHINI-SCHAFS-KÄSE-STRUDEL

ZUTATEN

250 g Zucchini, 1 Pkg. Blätterteig (oder Strudelteig), 1 kleine Zwiebel,
2 EL Öl, 200 g Schafskäse,
4 EL gehackte Petersilie,
50 g geröstete, gehackte Pinienkerne oder Mandeln,
1 KL frischer Thymian,
1 Knoblauchzehe, Salz,
Pfeffer, Ei zum Bestreichen
Backtemperatur: 180 Grad
Backzeit: 30 Minuten;
Backrohr vorheizen

ZUBEREITUNG

Das Öl erhitzen und die gehackte Zwiebel darin anrösten. Die Zucchini in Streifen schneiden, zu den Zwiebeln geben, kurz anbraten und beiseite stellen. Den Schafskäse in kleine Würfel schneiden und mit den Pinienkernen zur überkühlten Zucchinimasse geben. Mit zerdrücktem Knoblauch, Petersilie, Thymian, Salz und Pfeffer würzen. Die Füllung auf dem ausgerollten Blätterteig verstreichen und zu einem Strudel rollen. Den Strudel mit Ei bestreichen und im Backrohr goldgelb backen.

Dazu passt ausgezeichnet eine kalte Kräutersoße.

ZWIEBEL

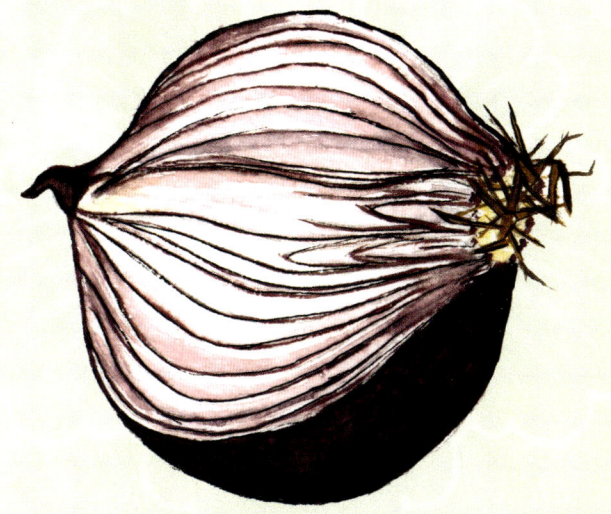

FRANZÖSISCHE ZWIEBELSUPPE

ZUTATEN

1,5 l Rindsuppe,
4 große Zwiebeln,
40 g Butter,
125 ml Weißwein,
120 g geriebenen Hartkäse (z. B. Emmentaler, Gouda)

ZUBEREITUNG

Zwiebeln schälen, in Scheiben schneiden und in Butter in einem Topf goldgelb rösten. Mit Suppe aufgießen und zugedeckt ca. 20 Min. köcheln lassen. Den Weißwein dazugeben und mit Salz und Pfeffer abschmecken.
Das Toastbrot mit dem geriebenen Käse bestreuen und im Backrohr kurz übergrillen. Die Suppe in Suppenteller geben und die überbackenen Toastbrotscheiben in die Suppe einlegen.

ZWIEBEL

GERÖSTETER ZWIEBEL-LEBER-AUFSTRICH

ZUTATEN

300 g Zwiebeln,
300 g Kalbsleber,
1 EL gehackte Petersilie,
2 EL Butter,
1 EL Olivenöl,
1 EL Essig, Salz, Pfeffer,
300 g Butter,
3 EL Cognac

ZUBEREITUNG

Die Kalbsleber in dünne Scheiben schneiden. Olivenöl und Butter erhitzen und die fein geschnittenen Zwiebeln mit der Petersilie bei sehr geringer Hitze anlaufen lassen, bis sie weich und glasig sind (ca. 40 Min.). Die Temperatur erhöhen, die Leber hinzufügen, rösten und mit dem Essig ablöschen. Salzen, pfeffern und abkühlen lassen, dann durch den Fleischwolf drehen. Die Butter schaumig rühren, die passierte Leber dazugeben und mit Cognac, Salz und Pfeffer abschmecken.

Aus der Masse eine Wurst formen und in gehackter Zwiebel wälzen. In Frischhaltefolie aufbewahren.

ZWIEBELKUCHEN

ZUTATEN

250 g Topfen (Quark), 250 g Mehl, 125 ml lauwarmes Wasser, Salz
Für den Belag: 1 kg Zwiebeln, 100 g Speck, 2 Eier, 1 Eigelb, 250 ml Sauerrahm (saure Sahne).
1 EL Maisstärke, Pfeffer, Muskatnuss, Salz,
Backtemperatur: 180 Grad
Backzeit: ca. 30 Minuten

ZUBEREITUNG

Aus Mehl, Topfen, Wasser und Salz einen Teig kneten und kurz rasten lassen. Die Zwiebel, in Ringe schneiden und mit dem würfelig geschnittenen Speck anrösten. Den Sauerrahm mit den Eiern, dem Eigelb und der Maisstärke verrühren. Mit Pfeffer, Salz und Muskatnuss abschmecken und dem Zwiebel-Speckgemisch vermengen. Den Teig auswalken und auf ein Blech legen. Mit der Zwiebelmasse bestreichen und im Backrohr backen.

Köstliche Geheimnisse

ZWIEBELSCHNITTEN

ZUTATEN

1 halber großer Laib Weißbrot, 200 g Mehl, 2 Eier, 250 ml Milch, 250 ml Sauerrahm (saure Sahne), 5 große Zwiebeln, Öl zum Braten, Salz, Butter für die Auflaufform

Backtemperatur: 200 Grad
Backzeit: bis die Zwiebelscheiben goldbraun sind

ZUBEREITUNG

Das Weißbrot in 1 cm dicke Schnitten schneiden. Aus Mehl, Eiern und Milch einen festen Omelettenteig rühren. Das Öl in einer Auflaufform im Backrohr erhitzen und die in Ringe geschnittenen Zwiebeln darin anrösten. In einem Topf Salzwasser zum Kochen bringen. Öl in der Pfanne heiß werden lassen. Die Weißbrotscheiben in den Omelettenteig tauchen, sodass sie rundherum gut bedeckt sind. Anschließend in das kochende Salzwasser legen und jede Seite ca. 2 Min. kochen lassen. In heißem Öl in der Pfanne backen. Die Weißbrotscheiben dachziegelartig in die Auflaufform schichten und mit den gerösteten Zwiebeln bedecken. Zum Schluss den verrührten Sauerrahm darüber gießen und im Backrohr ziehen lassen.

Kann man gut im Kühlschrank einige Tage aufbewahren. Köstlich zu Gegrilltem!

ITALIENISCHER ZWIEBELSALAT

ZUTATEN

8 Zwiebeln,
4 EL Olivenöl,
2 EL Weinessig,
Öl zum Backen

Backtemperatur: 180 Grad
Backzeit: ca. 20 bis 30 Minuten

ZUBEREITUNG

Backrohr vorheizen. Zwiebeln schälen, große Zwiebeln halbieren, salzen und auf ein Blech legen. Mit Olivenöl beträufeln und backen, bis sie weich sind. Nun in eine Schüssel geben, mit Essig-Öl-Gemisch beträufeln und ziehen lassen.

ZWIEBEL

ZWIEBELROSTBRATEN „ANNA"

ZUTATEN

4 Rinderschnitzel (Beiried), Mehl,
3 EL Salz, Pfeffer,
3 Zwiebeln,
4 EL Öl, Tomatenmark (oder Ketchup),
500 ml Gemüsebrühe

ZUBEREITUNG

Rinderschnitzel klopfen, salzen, pfeffern, auf einer Seite in Mehl drücken und in heißem Fett beidseitig anbraten. Mit Gemüsebrühe aufgießen. Das Tomatenmark in den Bratensaft einrühren und aufkochen lassen. Die Zwiebeln schälen und fein hacken. Mehl und Paprikapulver vermischen. Die Zwiebelringe in der Mehl-Paprikamischung wenden, abschütteln und in heißem Öl knusprig goldgelb backen. Zwiebeln auf dem Küchenpapier abtropfen lassen. Die gerösteten Zwiebeln vor dem Servieren auf dem Fleisch verteilen.

Kann gut vorbereitet werden!

ZWIEBELFLEISCH

ZUTATEN

600 g Rinderrostbraten,
3 EL Olivenöl,
6 große Zwiebeln,
4 Tomaten, ein Schuss Essig, 2 Lorbeerblätter,
Rosmarin, Salz, Pfeffer,
1 Msp. Zucker

ZUBEREITUNG

Fleisch in Würfel schneiden und im heißen Olivenöl so lange anbraten, bis der Bratensaft verdunstet ist. Die Tomaten blanchieren, häuten, klein schneiden und dazugeben. Mit Essig ablöschen, Gewürze dazugeben und mit so viel Wasser aufgießen, dass alle Zutaten fast bedeckt sind. Deckel schließen, das Fleisch zum Kochen bringen und auf kleiner Flamme ca. 2 Stunden köcheln lassen, ohne den Deckel zu öffnen. Das Zwiebelfleisch ist fertig, wenn das Wasser vollständig aufgesogen ist.

Am besten schmecken Bandnudeln dazu!

GEMÜSEVARIATIONEN

ZUTATEN

4 EL Olivenöl, 1 Zwiebel, 60 g Speck, 1 Liter Gemüsebrühe, 3 Karotten (Möhren), 2 kleine Zucchini, 2 mehlige Kartoffel, 2 Tomaten, 150 g Suppennudeln, 1 Stange Bleichsellerie, 3 EL geriebener Parmesan, 1 Knoblauchzehe, 100 g Erbsen, 100 g Fisolen (grüne Gartenbohnen), 1/2 Fenchelknolle, 1 kleine Lauchstange, 100 g frische Bohnenkerne, 3 EL frisch gehackte Kräuter

GEMÜSESUPPE

ZUBEREITUNG

Tomaten häuten. Gemüse in kleine Würfel schneiden. Die Zwiebel und den Speck fein schneiden und in einem großen Topf in Olivenöl anrösten. Knoblauch und Kräuter dazugeben und kurz mitrösten. Mit Gemüsebrühe aufgießen. Das Gemüse dazugeben und ca. 2 Stunden köcheln lassen. Zum Schluss die gekochten Nudeln in die Suppe geben und mit Parmesan bestreut servieren.

GEMÜSEVARIATIONEN

GEMÜSE-HÜHNERSUPPE

ZUTATEN

1 Suppenhuhn,
1.5 Liter Wasser,
4 Karotten,
1 Sellerieknolle,
Lauch, 1 Zwiebel,
Maggikraut (Liebstöckel),
Petersilie, Salz

ZUBEREITUNG

Wasser in einem hohen Topf erhitzen. Das Huhn (ohne Innereien), Zwiebel und Kräuter hineingeben. Das Gemüse waschen, grob schneiden und ebenfalls in den Topf geben. Die Suppe ungefähr 2 Stunden auf kleiner Stufe kochen lassen. Mit Salz abschmecken. Die Suppe abseihen, das Hühnerfleisch in kleine Stücke schneiden und mit dem Gemüse und Suppennudeln servieren.

Hühnersuppe ist ein probates Mittel gegen Grippe!

Auf Vollkorngebäck herrlich!

GEMÜSE-ROHKOST-AUFSTRICH

ZUTATEN

250 g Magertopfen (Magerquark),
125 ml Joghurt,
100 g Karotten (Möhren), 100 g Sellerie,
Salz, Pfeffer, 2 kleine Knoblauchzehen

ZUBEREITUNG

Karotten und Sellerie fein reiben und mit Topfen und Joghurt verrühren. Mit den zerdrückten Knoblauchzehen, Salz und Pfeffer abschmecken.

GEMÜSEVARIATIONEN

VEGETARISCHER TOAST

ZUTATEN

2 Tomaten,
1 kleine Zucchini,
4 Scheiben würziger Käse,
Petersilie, Thymian,
Oregano, Salz, Pfeffer,
3 EL Crème fraîche,
Toastbrotscheiben

ZUBEREITUNG

Tomaten und Zucchini sehr klein schneiden. Anschließend mit Crème fraîche und den fein geschnittenen Kräutern verrühren. Mit Salz und Pfeffer abschmecken. Die Masse auf Toastbrotscheiben streichen und eine Scheibe Käse darauflegen. Im Backrohr bei ca. 250 Grad kurz überbacken.

SOMMEREINTOPF

ZUTATEN

2 große, grüne Paprikaschoten, 2 Melanzani (Auberginen),
5 große Tomaten,
2 große Zwiebeln,
2 Knoblauchzehen,
4 EL Öl, Thymian,
Basilikum, Salz, Pfeffer

ZUBEREITUNG

Die gewaschenen und geputzten Paprikaschoten in grobe Streifen schneiden. Die Melanzani ungeschält in Scheiben schneiden. Die Zwiebeln schälen und in Scheiben schneiden. Die Tomaten schälen und vierteln. Das Öl erhitzen und darin Zwiebeln und Knoblauch kurz anrösten. Die übrigen Gemüsestücke dazugeben und alle Zutaten bei geringer Hitze weich dünsten. Mit Salz, Pfeffer und den gehackten Kräutern abschmecken.

GEMÜSEVARIATIONEN

GEMÜSETORTE

ZUTATEN

Für den Germteig (Hefeteig): 250 g Mehl, 15 g Germ (Hefe), 125 ml lauwarmes Wasser, 30 g Butter, Salz, eine Prise Zucker
Füllung: 2 Stangen Lauch, 2 Tomaten, 2 Karotten (Möhren), 100 g Schinken, 125 g Crème fraîche, 3 EL frisch gehackte Kräuter, 250 ml Sauerrahm (saure Sahne), 200 g Mozzarella; Salz, Pfeffer
Backtemperatur: 200 Grad
Backzeit: ca. 1 Stunde

ZUBEREITUNG

Aus der Germ etwas lauwarmem Wasser, etwas Mehl und einer Prise Zucker einen Vorteig („Dampferl") bereiten und ca. 15 Min. aufgehen lassen. Mehl, zerlassene Butter, Salz und den aufgegangenen Vorteig gut durchkneten und 30 Min. gehen lassen. Den Teig in eine befettete Springform drücken und die Füllung darauf verteilen. Für die Füllung die Karotten (Möhren) raspeln. Den Lauch in Scheiben schneiden und die Tomaten klein würfeln. Den Schinken in feine Streifen schneiden. Den Sauerrahm und Crème fraîche mit den Kräutern und dem Gemüse verrühren und auf den Teig gießen. Mit klein geschnittenem Mozzarella bestreuen und im Backrohr backen.

FRÜHLINGSRISOTTO

ZUTATEN

100 g Risottoreis,
50 g Kohlrabi, 50 g Erbsen,
50 g Karotten (Möhren), 50 g grüner Spargel,
750 ml Gemüsebrühe,
1 Zwiebel, Öl zum Braten,
3 EL gehackte Kräuter,
50 g geriebener Parmesan,
100 g Obers (Sahne),
Salz, Pfeffer

ZUBEREITUNG

Das Öl erhitzen, die fein gehackte Zwiebel anrösten, den Reis dazugeben und glasig dünsten. Nach und nach die Gemüsebrühe dazugießen, bis das Risotto fertig ist. Das Gemüse in Würfel schneiden und in Salzwasser bissfest kochen. Nun mit dem fertig gekochten Reis vermischen. Kräuter hinzufügen und mit Salz und Pfeffer würzen. Obers und Parmesan unterrühren.

GEMÜSEVARIATIONEN

GEMÜSESTRUDEL

ZUTATEN

1 Pkg. Blätterteig oder Strudelteig, 500 g gemischtes Gemüse: Karotten (Möhren), Knollensellerie, Zucchini, Paprikaschoten, 1 Zwiebel, Kartoffeln, Erbsen, Lauch, Brokkoli,,4 EL gehackte Kräuter (Thymian, Petersilie, Schnittlauch, Dill), 2 EL Butter, 100 g Schinken, 1 Eigelb, 1 EL Mehl, 250 ml Milch
Backtemperatur: 200 Grad
Backzeit: ca. 25 Minuten

ZUBEREITUNG

Butter zergehen lassen und die fein geschnittene Zwiebel anrösten. Das klein würfelig geschnittene Gemüse und die fein gehackten Kräuter dazugeben. Alles gut durchrösten. Aus Butter, Mehl und Milch eine Bechamelsoße zubereiten und das Eigelb unterrühren. Die Bechamelsoße unter das Gemüse rühren. Den Blätterteig ausrollen, die ausgekühlte Gemüsemasse mit dem fein geschnittenen Schinken darauflegen und einrollen.
Den Strudel im Backrohr goldgelb backen.

Mit Kräutersoße (siehe S. 189) besonders fein!

GEMÜSELAIBCHEN

ZUTATEN

1 Zwiebel,
2 Eier 150 g Lauch,
2 EL Mehl, Semmelbrösel (Paniermehl), Salz, Majoran, 150 g Sellerie, 150 g Karotten (Möhren), Öl zum Braten

ZUBEREITUNG

Gemüse waschen und putzen. Lauch und Zwiebel fein hacken. Karotten und Sellerie fein reiben. Das Gemüse in wenig Fett kurz andünsten und 2 EL Wasser hinzufügen. Die Masse auskühlen lassen. Eier, Gewürze, Mehl und Semmelbrösel (Paniermehl) untermischen und abschmecken. Aus der Masse Laibchen formen und in Öl auf beiden Seiten anbraten.

SALATE

BLATTSALATE MIT HÜHNERBRUSTSTREIFEN „GEORG"

ZUTATEN

Gemischte Blattsalate: Kopfsalat, Radicchio, Eissalat, Lollo Rosso, Rucola, Vogerlsalat (Feldsalat), 2 Hühnerfilets, 2 Knoblauchzehen

Für die Marinade:
3 EL Essig, 3 EL Wasser, 4 EL Olivenöl, 1 EL Senf, etwas Honig, Salz, Pfeffer und frische Kräuter

ZUBEREITUNG

Die Salate waschen und in eine Schüssel legen. Für die Marinade die Zutaten in ein Glas mit Deckel geben, gut durchschütteln und über den Salat gießen. Zerdrückte Knoblauchzehen und Hühnerfilets knusprig braten, salzen, pfeffern, in Streifen schneiden und über den Salat legen.

SALATE

BUNTER SOMMERSALAT

ZUTATEN

1 Fenchelknolle,
1 Zwiebel,
1 Paprikaschote,
15 Cocktail-Tomaten,
1 Kopfsalat
Für die Marinade.
Balsamico-Essig,
Olivenöl, Salz, Pfeffer,
60 g Rucola

ZUBEREITUNG

Kopfsalat und Rucola waschen und in eine Schüssel geben. Die Tomaten halbieren. Den Fenchel waschen, halbieren, kurz blanchieren und fein schneiden. Zwiebel und Paprikaschote in kleine Würfel schneiden und kurz in Öl anbraten. Aus Essig, Öl, Salz und Pfeffer eine Marinade rühren und über die Salatzutaten gießen.

PIKANTER FRANZÖSISCHER SALAT

ZUTATEN

2 Kopfsalate, 5 Stk. Chicorée, 1 kleiner Radicchio, 200 g Fisolen (grüne Gartenbohnen), 250 g speckige (fest kochende) Kartoffeln, 4 Tomaten, 3 Paprikaschoten (rot, gelb, grün gemischt), 1 Stangensellerie, 1 Zwiebel, 1 Dose Maiskörner, Schwarze Oliven, 5 Sardellenringe, 1 Dose Thunfisch, 4 Eier, 1 KL Dijon-Senf, Rotweinessig, Olivenöl, Zucker, Salz, Pfeffer

ZUBEREITUNG

Kartoffeln waschen, dünsten, schälen und in Scheiben schneiden. Eier hart kochen und ebenfalls in Scheiben schneiden. Fisolen bissfest kochen. Stangensellerie, Tomaten und die geschälte Zwiebel in feine Ringe schneiden. Die Sardellenringe klein schneiden und den Thunfisch zerpflücken. Die Salate in mundgerechte Stücke schneiden und die Maiskörner dazugeben. Für die Marinade Essig, Öl, Senf, Zucker, Salz und Pfeffer gut verrühren, über den Salat gießen und ziehen lassen. Vor dem Servieren eine große Schüssel mit Salatblättern auslegen, den Salat einfüllen und mit Oliven dekorieren.

SALATE

GRIECHISCHER SALAT

ZUTATEN

1 Kopfsalat, 1 Gurke,
1 Tomate, 1 rote Paprika-
schote, 1 rote Zwiebel,
Schwarze Oliven,
200 g Schafskäse,
2 EL grob gehackte
Petersilie, 1 TL Oregano,
2 EL Weinessig,
2 EL Olivenöl,
4 Scheiben Weißbrot,
1 Knoblauchzehe,
Olivenöl zum Rösten

ZUBEREITUNG

Das Weißbrot in kleine Würfel schneiden und in einer Pfanne mit etwas Olivenöl samt der zerdrückten Knoblauchzehe goldgelb rösten. Die Brotwürfel auf einem Küchenpapier abtropfen lassen. Den grünen Salat waschen und in mundgerechte Stücke zerteilen. Gurke schälen und in Würfel schneiden. Tomate ebenfalls würfelig schneiden. Zwiebel schälen und in Scheiben schneiden. Paprika halbieren, entkernen und in Streifen schneiden. Den Schafskäse in Würfel schneiden. Aus Olivenöl, Weinessig, Salz, Pfeffer, Oregano und Petersilie eine Marinade bereiten und über den Salat gießen. Den Salat kurz vor dem Servieren mit den gerösteten Brotwürfeln, dem Schafskäse und den Oliven dekorieren.

SALAT „WALDVILLA"

ZUTATEN

2 Hand voll gemischte Blattsalate, 1 Gurke, 5 Tomaten oder 250 g Kirschtomaten, 1 Zwiebel, 1 Knoblauchzehe, 50 g Speckwürfel, 1 TL Sonnenblumenkerne, 1 TL Leinsamen, 1 TL Sesam, Olivenöl, Balsamico-Essig, 50 g Griechischer Schafskäse, Kräuter (Petersilie, Basilikum, Schnittlauch)

ZUBEREITUNG

In einer Pfanne Sonnenblumenkerne, Leinsamen und Sesam kurz anrösten und beiseite stellen. Speckwürfel in etwas Öl knusprig anbraten. Blattsalate waschen, Gurke schälen und in etwas dickere Scheiben schneiden. Tomaten waschen und vierteln und die Zwiebel und den Knoblauch in hauchdünne Scheiben schneiden. Alles in eine große Salatschüssel geben. Aus Öl, Essig und den frisch gehackten Kräutern, Salz und Pfeffer und Knoblauch eine Marinade rühren und über den Salat gießen. Würfelig geschnittenen Schafskäse untermischen. Vor dem Servieren die Körner und die knusprigen Speckwürfel darüberstreuen.

SOSSEN

ZUTATEN

2 TL Butter,
1 TL Mehl,
250 ml Gemüsebrühe,
125 g Crème fraîche,
frisch gehackte Kräuter
nach Wahl:
Schnittlauch, Petersilie,
Kresse, Salbei, Thymian,
Zitronenmelisse, Dill,
Basilikum, Kerbel,
Maggikraut (Liebstöckel),
Estragon, Oregano,
Kräutersalz, Pfeffer,
eine Prise Zucker

WARME KRÄUTERSOSSE

ZUBEREITUNG

Die Butter zergehen lassen, Mehl einrühren, mit der Gemüsebrühe aufgießen und köcheln lassen. Anschließend die Crème fraîche und die frischen Kräuter einrühren. Mit Salz und Pfeffer abschmecken.

TOMATENSOSSE

ZUTATEN

1 Zwiebel, 1 TL Mehl, 500 ml pürierte Tomaten, 1 EL Sauerrahm (saure Sahne), Salz, 1 Prise Zucker, Öl zum Anrösten

ZUBEREITUNG

Fein gehackte Zwiebel anrösten, pürierte Tomaten dazugeben und köcheln lassen. Sauerrahm und Mehl verrühren und in die Tomatensoße einrühren. Pürieren und mit Salz und Zucker abschmecken.

KALTE KRÄUTERSOSSE

ZUTATEN

125 g Crème fraîche, Salz, Pfeffer, 250 ml Sauerrahm (saure Sahne), 1 Knoblauchzehe, 2 EL gehackte Kräuter (Petersilie, Salz, Pfeffer Thymian, Oregano, Schnittlauch, Dill)

ZUBEREITUNG

Crème fraîche mit Sauerrahm verrühren und mit Salz, Pfeffer und zerdrücktem Knoblauch abschmecken. Kurz vor dem Servieren die gehackten Kräuter untermischen.

KNOBLAUCHSOSSE

ZUTATEN

250 ml Sauerrahm (saure Sahne), 3 Knoblauchzehen, Salz, Pfeffer

ZUBEREITUNG

Den Sauerrahm mit den zerdrückten Knoblauchzehen verrühren und mit Salz und Pfeffer abschmecken.

Keine Waage notwendig!

SÜSSE GEHEIMNISSE

FAULENZERKUCHEN „DUNKEL"

ZUBEREITUNG

Eier mit Zucker schaumig rühren. Anschließend Sauerrahm, Öl, Trink-Kakao-Pulver und geriebene Mandeln unterrühren. Mehl mit Backpulver vermischen und unter die Masse heben. Den Teig auf ein gefettetes Blech streichen und backen. Eventuell mit einer Schokoladenglasur überziehen (Schokolade mit Butter im Wasserbad erweichen) oder mit Puderzucker bestreuen.

ZUTATEN

3 Eier, 1 Becher Zucker,
1 Becher Sauerrahm,
1/2 Becher Sonnenblumenöl, 1 Becher Trink-Kakao-Pulver, 1 Becher geriebene Mandeln, 1 Becher Mehl,
1 P. Backpulver
Backtemperatur: 180 Grad
Backzeit: 30 Minuten

FAULENZERKUCHEN „HELL"

ZUBEREITUNG

Alle Zutaten verrühren. Den Teig auf ein Blech streichen, beliebig mit Obst belegen und backen.

ZUTATEN

1 Becher Joghurt,
1 Becher Öl,
2 Becher Zucker,
2 Eier, 3 Becher Mehl,
1 P. Backpulver
Backtemperatur: 180 Grad
Backzeit: 45 Minuten
Pfeffer

KERN- UND STEINOBST

ZUTATEN

Für den Mürbeteig:
190 g Mehl, 120 g Butter,
80 g Zucker,
2 Dotter
Für die Füllung: 600 g geschälte und entkernte Äpfel, Zitronensaft,
2 EL Zucker, 2 EL Rum,
3 Blatt Gelatine
Für die Haube: 2 Eiklar,
50 g Zucker
Vorbacken: 150 Grad,
15 Minuten
Backtemperatur: 180 Grad
Backzeit: 15 Minuten;
Backrohr auf 150 Grad vorheizen

APFELTORTE MIT SCHNEEHAUBE

ZUBEREITUNG

Aus Mehl, Butter, Zucker, Dotter einen Mürbteig bereiten. Dreiviertel der Masse in eine kleine Tortenform drücken, den Rest als Rand in die Form drücken und hellgelb vorbacken.
In der Zwischenzeit die Äpfel mit wenig Wasser und Zitronensaft dünsten, mit Zucker und Rum abschmecken und anschließend pürieren. Eiklar und Zucker zu einem festen Schnee schlagen.
Das Apfelmus auf den vorgebackenen Mürbteigboden geben und die Schneehaube darüber streichen. Solange bei 180 Grad backen, bis der Schnee hellbraun wird.

Eine Tortenform mit 22 cm Durchmesser verwenden!

APFELKUCHEN MIT SONNENBLUMENKERNEN

ZUTATEN

Für den Rührteig:
200 g Weizenvollmehl,
1/2 P. Backpulver, 3 Eier,
eine Prise Salz,
120 g Zucker, 170 g Butter,
3-4 säuerliche Äpfel,
etwas Zitronensaft,
80 g Honig, 20 g Butter,
100 g Sonnenblumenkerne

Backtemperatur: 180 Grad
Backzeit: 60 Minuten

ZUBEREITUNG

Aus den Zutaten einen Rührteig herstellen und in eine befettete, bemehlte Tortenform füllen. Die geschälten, geviertelten und eingeschnittenen Äpfel mit Zitronensaft beträufeln und auf dem Teig verteilen. Honig, Butter und Sonnenblumenkerne aufkochen lassen und über die Äpfel gießen.

Schmeckt am zweiten Tag noch besser!

APFELSCHLUMMERTORTE

ZUTATEN

4 Dotter, 4 Eiklar,
200 g Zucker, 100 g Mohn,
3 Äpfel, 100 g geriebene
Mandeln, 1 Msp.
Backpulver

Für die Schokoladenglasur:
5 Rippen Schokolade,
150 g Butter

Backtemperatur: 180 Grad
Backzeit: 40 Minuten

ZUBEREITUNG

Die Dotter mit dem Zucker schaumig rühren. Den geriebenen Mohn, die Mandeln, die geschälten, würfelig geschnittenen Äpfel und den steif geschlagenen Schnee abwechselnd einmengen. Zuletzt das Backpulver unterrühren. Die Torte leicht anzuckern oder mit Schokoladenglasur (Butter und Schokolade im Wasserbad erweichen) überziehen.

Sehr saftig!

ERFRISCHENDER APFELKUCHEN

ZUTATEN

Für den Mürbeteig:
250 g Mehl, 1 1/2 TL Backpulver, 125 g Zucker, 1 P. Vanillezucker, 1 Ei, 125 g Butter

Für den Belag:
1 kg Äpfel, 2 P. Vanillepuddingpulver, 750 ml Weißwein oder Apfelsaft, 1 P. Vanillezucker, 75 g Zucker, 1/4 Liter Schlagobers (Schlagsahne), etwas Zimt

Backtemperatur: 175 Grad
Backzeit: ca. 1 Stunde

ZUBEREITUNG

Mehl mit Backpulver vermischen, Zucker, Vanillezucker, Ei und Butter hinzufügen und den Mürbteig kühl ruhen lassen. Backrohr vorheizen. Die Äpfel waschen, schälen, vom Kerngehäuse befreien und in dünne Scheiben schneiden. Das Puddingpulver nach Anweisung jedoch statt Milch mit Wein bzw. Apfelsaft unter Beigabe von Vanillezucker und Zucker zu einem Pudding kochen und die Apfelscheiben unterrühren. Den Mürbteig in eine Tortenform drücken und einen Rand formen. Die Apfel-Puddingmasse einfüllen und backen. Nach dem Auskühlen kühl stellen und vor dem Servieren mit geschlagenem Obers bestreichen und mit Zimtpulver bestreuen.

APFEL-TOPFENTORTE

ZUTATEN

125 g Butter, 4–6 EL Honig, 4 Eier, 1/2 TL Zimt, 1 P. Vanillezucker, Saft und Schale einer unbehandelten Zitrone, 4 gehäufte EL Vollweizengrieß, 2 gestr. TL Backpulver, 1 kg Magertopfen (Magerquark), 600 g Äpfel

Backtemperatur: 180 Grad
Backzeit: 90 Minuten

ZUBEREITUNG

Die Butter mit dem Honig vorsichtig erwärmen, abkühlen lassen und mit den Eiern, dem Zimt, dem Vanillezucker, Zitronensaft und -schale schaumig rühren. Nun den mit dem Backpulver vermischten Grieß und den Topfen daruntermengen.
Die Äpfel schälen und raspeln und unter den Teig mischen. In einer gefetteten und bemehlten Springform backen.

Schmeckt lauwarm besonders gut!

KERN- UND STEINOBST

APFELSCHNECKEN

ZUTATEN

ZUBEREITUNG

Für den Germteig:
750 g Mehl,
ca. 1/4 Liter lauwarme
Milch, 2 Eier, eine Prise
Salz, 100 g Butter,
120 g Zucker

Für den Vorteig (Dampferl): 40 g Hefe,
1 TL Zucker, 1 EL Mehl,
2 EL lauwarme Milch

Für die Füllung: 1 Glas
Apfelgelee oder beliebige
Marmelade, 500g säuerliche Äpfel, 1 TL Zimt,
100 g gehobelte Mandeln

Zum Bestreichen:
1 Dotter, etwas Milch
Backtemperatur: 190 Grad
1 Dotter
Backzeit: ca. 20 Minuten
etwas Milch

Zutaten vom Vorteig verrühren und aufgehen lassen. Mehl, Eier, Salz, Milch, zerlassene Butter und Zucker verrühren, den aufgegangenen Vorteig einrühren und zu einem ziemlich festen Hefeteig verkneten. Backrohr vorheizen. Diesen Teig aufgehen lassen, anschließend zu einer großen Platte ausrollen mit Apfelgelee bestreichen, die Äpfel darüberraspeln, mit Zimt und Mandeln bestreuen und zu einer Rolle einrollen. Diese Rolle nun in nicht zu dünne Scheiben schneiden, auf das Backblech setzen und nochmals aufgehen lassen. Dann mit Dottermilch bestreichen und goldgelb backen.

Eignen sich gut zum Einfrieren!

KERN- UND STEINOBST

ÜBERGOSSENE APFELTORTE

ZUBEREITUNG

ZUTATEN

140 g Dinkelmehl,
100 g Butter, 1 Prise Salz,
2 EL Wasser,
1 kg Äpfel, Zimt
Überguss: 3 Dotter,
150 g Vollrohrzucker,
1/4 Liter Sauerrahm (saure Sahne), 1 EL Mehl,
1 P. Vanillepudding,
3 Eiklar
Backtemperatur: 180 Grad
Backzeit: ca. 1 Stunde

Mehl und Butter abbröseln, mit Salz und Wasser einen Mürbteig kneten. Den Teig kühl ruhen lassen. Die Äpfel vierteln, mit Zimt bestreuen und anschließend auf dem in eine Tortenform gedrückten Mürbteig verteilen. Für den Guss werden Dotter mit Zucker, Sauerrahm, Mehl und Vanillepudding verrührt. Eiklar zu steifem Schnee schlagen und in die Dottermasse einrühren.

Wie die Torte kalt schmeckt, konnte ich leider nicht in Erfahrung bringen, denn sie wurde immer sofort aufgegessen!

ADVENTÄPFEL

ZUTATEN

4 Äpfel (am besten Boskoop), einige Tropfen Zitronensaft, gehackte Walnüsse, gehackte Mandeln, Rosinen, Dörrzwetschkenstücke, etwas Rum, 4 EL beliebige Marmelade
Backtemperatur: 170 Grad
Backzeit: ca. 20 Minuten

ZUBEREITUNG

Mit einem Ausstecher von oben das Kerngehäuse aus den Äpfeln ausstechen. In die Aushöhlung sodann einige Tropfen Zitronensaft träufeln. Jetzt vermischen Sie die angegebenen Zutaten und füllen die Masse in die ausgehöhlten Äpfel. Äpfel in eine feuerfeste Form geben und backen. Eventuell mit warmer Vanillesoße servieren.

Besonders beliebt an kalten Winterabenden.

KERN- UND STEINOBST

APFELGEHEIMNIS

ZUTATEN

300 g Mehl, 2 TL Backpulver, 100 g Zucker, 1 P. Vanillezucker, 1 Prise Salz, 1 Ei, 1 EL Milch, 150 g Butter, 1 Ei zum Bestreichen, 3 EL Mandelblättchen
Für die Fülle: 1 kg Äpfel, 1-2 EL Wasser, 3 EL Zucker, 1/2 TL Zimt, 100 g Rosinen, 2 EL Rum
Backtemperatur: 200 Grad
Backzeit: ca. 30 Minuten

ZUBEREITUNG

Für die Fülle die Äpfel schälen, und blättrig schneiden. Mit Wasser und Zucker zu einem Mus kochen und mit Zimt, Rum und Rosinen verrühren. Mehl mit Backpulver, Salz, Butter, Zucker, Vanillezucker, Ei und Milch zu einem Mürbteig kneten. Die halbe Teigmenge in eine befettete Tortenform drücken. Einen Teigrand von ca. 2 cm machen. Den Teig ca.15 Minuten bei 200 Grad vorbacken. Anschließend die Apfelfülle darauf verteilen und mit der zweiten Teighälfte bedecken. Mit Ei bestreichen und mit Mandelblättchen bestreuen und im Backrohr goldgelb backen.

APFELGELEE

ZUTATEN

1 kg Fallobst, Gelierzucker

ZUBEREITUNG

Die Äpfel waschen, entkernen, vierteln und in wenig Wasser weich dünsten. Einen Sessel umgedreht auf einen Tisch stellen und an den vier Beinen ein Leinentuch anbinden. Die gedünsteten Äpfel hineingießen und über Nacht in ein Gefäß abtropfen lassen. Den entstandenen Saft abmessen und pro 600 ml Saft 600 g Gelierzucker dazugeben; so lange köcheln lassen, bis der Saft geliert. Noch heiß in Gläser füllen, gut verschließen und kühl und dunkel aufbewahren.

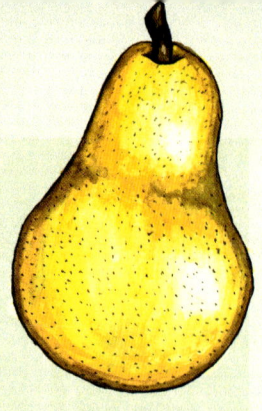

BIRNENTORTE „GUTE LUISE"

ZUTATEN

4 Eiklar, 200 g Zucker,
200 g Walnüsse,
2 EL reine Maisstärke,
1 Msp. Backpulver,
7-8 Birnen, 1 EL
Williamsbirnenschnaps,
6 Blatt Gelatine,
1/4 l Schlagobers
(Schlagsahne), geriebene
Schokolade

Backtemperatur: 180 Grad
Backzeit: ca. 20 Minuten;
Backrohr vorheizen

ZUBEREITUNG

Eiklar zu steifem Schnee schlagen und mit dem Zucker weiterschlagen. Vorsichtig Nüsse und die mit Backpulver vermischte Maisstärke unterheben und backen. Gelatine einweichen. Die geschälten Birnen in möglichst wenig Zuckerwasser kochen und anschließend pürieren. Gelatine im heißen Birnenmus auflösen und mit dem Birnenschnaps verfeinern. Tortenboden samt Tortenreifen auf einen Teller stellen, das ausgekühlte Birnenmus auf die Torte streichen und kühl stellen. Vor dem Servieren mit Schlagobers bestreichen und mit geriebener Schokolade verzieren.

Schmeckt auch sehr gut mit Äpfeln!

BIRNENRADELN

ZUTATEN

75 g Mehl, 1/4 TL Salz,
1/4 TL Zimt,
4 EL Milch, 2 Dotter,
2 Eiklar, 3 EL Wasser,
3 nicht zu weiche Birnen
Birnenschnaps, Zucker,
Fett zum Ausbacken

ZUBEREITUNG

Die Birnen schälen, in Scheiben schneiden und entkernen. Birnenschnaps und Zucker verrühren und die Birnenscheiben darin 15 Minuten ziehen lassen. Mehl, Salz, Zimt in eine große Schüssel sieben. Milch, Dotter und Wasser zugeben und alles glatt rühren. Eiklar zu festem Schnee schlagen und vorsichtig unter den Teig heben. Die Birnenscheiben in den Teig tauchen und in einer Pfanne knusprig backen. Mit Zimtzucker bestreuen und heiß servieren. Dazu schmeckt Vanilleeis sehr gut.

KERN- UND STEINOBST

BIRNEN IN ROTWEIN

ZUTATEN

2 reife feste Birnen, Schale einer unbehandelten Zitrone, 175 ml Rotwein, 50 g Zucker, 1 Zimtstange, 4 EL kaltes Wasser

ZUBEREITUNG

Die Birnen streifig schälen, halbieren und entkernen. Zitronenschale, Rotwein, Zucker, Zimt und Wasser in einem flachen Topf zum Kochen bringen. Die Birnen dazugeben, aufkochen lassen, den Topf vom Herd nehmen und die Birnen im Saft abkühlen lassen. Die abgekühlten Birnen in eine Schüssel geben. Den Saft einkochen bis er sirupartig wird. Zimt und Zitronenschale herausnehmen. Die Soße abkühlen lassen. Die Birnen in den Sirup legen und mit frischer Schlagsahne servieren.

Foto: Cobraphoto/www.fotolia.com

KERN- UND STEINOBST

KIRSCHEN-STREUSELKUCHEN

ZUTATEN

200 g Butter, 150 g Zucker,
eine Prise Salz,
3 EL Vanillezucker, 1 Ei,
400 g Mehl,
800 g Kirschen,
100 g Kristallzucker

Backtemperatur: 180 Grad
Backzeit: ca. 45 Minuten

ZUBEREITUNG

Die Butter zerlassen und mit Zucker, Salz, Vanillezucker, dem Ei und der Hälfte des Mehles verrühren. Die restliche Hälfte des Mehls dazuschütten und mit den Händen zu Streusel verarbeiten. Backrohr vorheizen.

Die Hälfte des Streuselteiges mit einem etwa 3 cm hohen Rand in die Tortenform drücken. Die Kirschen waschen, entkernen und auf dem Boden verteilen. Mit Kristallzucker bestreuen und die restlichen Streusel auf den Kirschen verteilen. Nun den Kuchen ins Backrohr schieben und goldgelb backen.

Schnelle Zubereitung, da die Streuselmasse mit der des Tortenbodens identisch ist!

KIRSCHKUCHEN „WERNER"

ZUTATEN

Für den Rührteig:
250 g Butter,
250 g Zucker, 4 Eier,
4 Rippen Schokolade,
240 g Mehl,
1 gestr. TL Backpulver,
400 g Kirschen
Backtemperatur: 180 Grad
Backzeit: 40 Minuten

ZUBEREITUNG

Butter mit dem Zucker schaumig rühren, die ganzen Eier nach und nach einrühren. Schokolade im Wasserbad schmelzen und unter die Eimasse rühren. Mehl mit Backpulver vermischen und vorsichtig unterheben. Die Masse auf ein kleines Backblech aufstreichen, die gewaschenen, entkernten Kirschen darüber streuen und ins Rohr schieben.

SÜSSER KIRSCHENREIS

ZUTATEN

120 g Rundkornreis,
1/2 Liter Wasser,
eine Prise Salz,
etwas Zitronenschale,
30 g Butter,
1-2 EL Honig,
1/4 kg Kirschen,
1 P. Vanillezucker,
1/4 Liter Schlagobers
(Schlagsahne), geriebene
Kürbiskerne zum
Verzieren

ZUBEREITUNG

Den Reis in Wasser weichkochen. Mit Vanillezucker, Zitronenschale, Salz, Butter und Honig würzen. Den Reis auskühlen lassen. Die Kirschen unter den Reis mischen. Schlagobers steif schlagen und unter die Masse heben. In Glasschalen anrichten und mit Schlagobers und geriebenen Kürbiskernen verzieren.

KERN- UND STEINOBST

ZUTATEN

220 g Butter, 220 g Zucker,
1 P. Vanillezucker,
6 Dotter 6 Eiklar,
220 g erweichte
Schokolade, 220 g Mehl,
1 KL Backpulver, 3 EL Rum,
1 1/2 kg Marillen
(Aprikosen) zum Belegen
Backtemperatur: 200 Grad
Backzeit: ca. 30 Minuten

SCHWARZE WACHAUER-SCHNITTEN

ZUBEREITUNG

Die Butter schaumig rühren, Zucker und Vanillezucker, Dotter und erweichte Schokolade einmischen. Das mit Backpulver vermischte Mehl unterrühren. Zuletzt das steif geschlagene Eiklar und den Rum unterheben. Die Masse auf ein befettetes Backblech streichen und mit halbierten Marillen belegen. Nach dem Backen leicht mit Puderzucker bestreuen.

ZUTATEN

Für einen Strudelteig
(2 Blätter)
Für die Füllung: 250 g Topfen (Quark), 50 g Butter
Vanille, 40 g Puderzucker,
30 g Mehl, 3/16 l Sauerrahm, 2 Dotter, 2 Eiklar, 60 g Kristallzucker, Zitronenschale, eine Prise Salz, ev. 50 g Rosinen, 200 g Marillen (Aprikosen)
Backtemperatur: 180 Grad
Backzeit: 30 Minuten (nach 15 Minuten mit Alufolie abdecken)

MARIANDLSTRUDEL

ZUBEREITUNG

Butter mit der Hälfte des Zuckers, Zitronenschale, Vanille und Salz schaumig rühren. Topfen, Dotter, Rahm und Mehl einrühren. Eiklar zu festem Schnee schlagen und den restlichen Zucker unterrühren. Die Strudelblätter nach Anleitung vorbereiten, die Topfenmasse auf ein Drittel der Blätter streichen und den Rest mit zerlassener Butter bestreichen. Die Topfenfülle mit den halbierten und entkernten Marillen belegen und zu einem Strudel zusammenrollen. Mit Butter bestreichen und backen.

KERN- UND STEINOBST

„KAROLINES" MARILLENKNÖDEL

ZUTATEN

Für den Topfenteig:
1 P. Topfen (Quark),
1 Dotter, 60 g Butter,
eine Prise Salz, 100 g Mehl
Für die Butterbrösel:
100 g Butter,
120 g Semmelbrösel,
eine Prise Zimt,
50 g Kristallzucker,
Marillen (Aprikosen) zum Füllen

ZUBEREITUNG

Topfen, Dotter, Butter, Salz und Mehl verrühren. Aprikosen waschen, ev. mit dem Kochlöffelstiel den Kern herausdrücken und mit einem Zuckerstück füllen. Teig auf einer bemehlten Arbeitsfläche zu einer Rolle formen und in Scheiben schneiden. Teigscheiben etwas flach drücken, je eine Marille darauf setzen und mit Teig umhüllen. Knödel formen und in leicht gesalzenem Wasser 10 bis 12 Minuten ziehen lassen. Knödel in Butterbröseln wälzen und mit Puderzucker bestreuen.

Dieser Teig eignet sich auch vorzüglich für Zwetschkenknödel! Leicht einzufrieren!

MARILLENRÖSTER

ZUTATEN

500 g Marillen (Aprikosen),
1/16 l Wasser,
100 g Kristallzucker,
Saft einer Zitrone

ZUBEREITUNG

Die Marillen waschen, halbieren und entkernen. Anschließend mit dem Wasser, dem Zucker und dem Zitronensaft weich dünsten.

Passt sehr gut zu Topfenknödeln!

MARILLEN-TOPFENTORTE

ZUTATEN

Für den Mürbeteig:
150 g glattes Mehl,
50 g Zucker,
100 g Butter,
etwas Salz,
1/2 P. Vanillezucker

Für die Füllung:
500 g Topfen (Quark),
150 g Zucker,
1 P. Vanillezucker,
1 P. Vanillepuddingpulver,
3 Dotter, 3 Eiklar,
ev. 50 g Rosinen
Marillen-(Aprikosen-)
 stückchen

Backtemperatur: 180 Grad
Backzeit: 35 Minuten

ZUBEREITUNG

Aus den Mürbteigzutaten den Teig rühren, der in eine gefettet Springform mit hohem Rand gelegt wird. Hell vorbacken. In der Zwischenzeit die Füllung zubereiten. Dafür den Eischnee mit 50 g Zucker schlagen. Topfen, 100 g Zucker, Vanillezucker, Puddingpulver und Dotter verrühren. Den steifen Schnee darunter heben.

Falls Sie für die Füllung Rosinen verwenden wollen, diese unter die Masse mischen. Die Marillenstückchen kommen auf den vorgebackenen Kuchenboden, darauf die Füllung geben und im Backrohr goldgelb backen.

KERN- UND STEINOBST

PFIRSICH-SOMMERTRAUM

ZUTATEN

ZUBEREITUNG

Für den Mürbeteig:
200 g Butter, 100 g Zucker,
eine Prise Salz,
1/4 ausgekratzte
Vanilleschote, 200 g Mehl,
150g geriebene Mandeln,
50 g Kochschokolade

Für den Belag:
500 g Mascarpone,
2 EL Amaretto, 2 Dotter,
50 g Zucker, 1 kg Pfirsiche

Backtemperatur: 180 Grad
Backzeit: ca. 15 Minuten

Aus Butter, Zucker, Salz, Vanillezucker, Mehl, Mandeln und geriebener Schokolade einen Mürbteig bereiten und backen. Mascarpone, Dotter, Zucker und Amaretto verrühren und auf den ausgekühlten Mürbteigboden streichen.
Die Pfirsiche kurz in kochendes Wasser legen und häuten, halbieren, entkernen und auf die Mascarponecreme legen. Eventuell mit klarem Tortengelee überziehen.

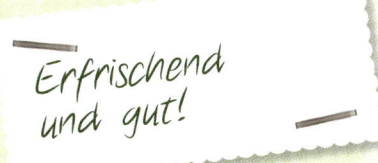

Erfrischend und gut!

KERN- UND STEINOBST

PFIRSICH-SHERRY-TRIFLE

ZUTATEN

ZUBEREITUNG

1 P. Vanillepudding,
4 EL Zucker Pfirsiche
(geschnitten), 1/2 l Milch,
Pfirsiche (geschnitten),
250 g Schlagobers
(Schlagsahne)
250 g Biskuit, 1/8 l Sherry,
Zitronenmelisse,
1 EL Kakaopulver,
ev. frische Beeren
(zur Dekoration)

Biskuit: 2 ganze Eier, 100 g Zucker und 2 EL Wasser schaumig rühren. 100 g Mehl mit 1/4 P. Backpulver vermischen und unter die Masse heben. Bei 200 Grad ca. 10 Minuten backen.
Den Vanillepudding nach Packungsanweisung kochen, anschließend zugedeckt abkühlen lassen. Das Schlagobers steif schlagen und unter den abgekühlten Pudding heben. Das Biskuit in kleine Stücke schneiden. In eine Glasschüssel zuerst die Hälfte der Biskuitstücke geben und mit der Hälfte des Sherrys beträufeln. Darauf die Hälfte der Vanillecreme verstreichen und die Pfirsiche auf der Creme verteilen. Die Schichten sollen am Schüsselrand gut erkennbar sein.
Eine weitere Schicht Biskuit mit Sherry tränken, die restliche Vanillecreme darüber geben und mit einem Esslöffel kleine Dellen eindrücken und zu Spitzen hochziehen. Das Trifle mindestens
3 Stunden im Kühlschrank durchziehen lassen. Vor dem Servieren mit Kakao bestreuen und
mit Beeren garnieren.

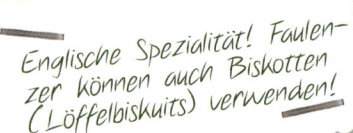

Englische Spezialität! Faulenzer können auch Biskotten (Löffelbiskuits) verwenden!

KERN- UND STEINOBST

SCHNELLER ZWETSCHKENKUCHEN

ZUTATEN

4 Eier, 300 g Puderzucker,
120 g Öl, 1/8 Liter Wasser,
300 g Mehl,
1/2 P. Backpulver,
Zitronenschale,
1 kg Zwetschken
(geviertelt)
Backtemperatur: 180 Grad
Backzeit: 30 Minuten

ZUBEREITUNG

Eier und Puderzucker schaumig schlagen. Öl, Wasser und Zitronenschale dazugeben. Anschließend das mit Backpulver vermischte Mehl dazugeben und den Teig auf ein befettetes, bemehltes Blech streichen. Mit den Zwetschken belegen und ins Rohr schieben.

ZWETSCHKEN-TOPFENKUCHEN

ZUTATEN

Für den Rührteig:
200 g Butter, 200 g Zucker,
4 Dotter, 4 Eiklar,
250 g Mehl, 1/2 P. Backpulver, 1 P. Vanillezucker,
600 g Zwetschken Für die Topfenmasse: 500 g Topfen (Quark), 150 g Zucker, 1 P. Vanillezucker, 2 Dotter, 2 Eiklar, 60 g Butter, Saft einer Zitrone
Für die Streusel: 100 g Butter, 130 g Mehl,
50 g Puderzucker
Backtemperatur: 180 Grad
Backzeit: ca. 45 Minuten

ZUBEREITUNG

Butter, Zucker, Dotter schaumig rühren. Mehl mit Backpulver vermischen und untermengen. Zuletzt den Schnee unterheben. Die Masse auf das Blech streichen. Für die Topfenmasse Butter, Zucker und Dotter schaumig rühren, Topfen und Zitronensaft dazugeben und den Schnee unterheben. Diese Masse auf den Teig streichen, mit Zwetschken belegen und den Streusel darüber geben. Streusel: Butter zerlassen. Mehl einrühren und mit der Gabel zerdrücken, bis Krümel entstehen. Von der Kochplatte nehmen und den Puderzucker einrühren.

KERN- UND STEINOBST

ZWETSCHKEN-STREUSELKUCHEN

ZUTATEN

Für den Rührteig:
100 g weiche Butter,
100 g Zucker, 1 P. Vanillezucker, 3 Eier, 200 g Mehl,
1 TL Backpulver
Für die Streusel: 100 g Mehl, 1 P. Vanillepuddingpulver, 75 g Zucker,
100 g weiche Butter,
1/2 kg Zwetschken

ZUBEREITUNG

Butter, Zucker und Vanillezucker werden schaumig gerührt. Die Eier nach und nach hinzufügen.
Mehl und Backpulver vermischen, durchsieben und unter die Fett-Zucker-Eimasse rühren. Den Teig in eine gefettete Tortenform geben und mit den gewaschenen, entsteinten und halbierten Zwetschken mit der Schnittfläche nach unten belegen.
Für den Streusel Mehl, Puddingpulver, Zucker und Butter in eine Schüssel geben und mit dem Knethaken gut vermischen. Streusel über die Zwetschken bröseln und backen.

FAULENZERNOCKERL MIT ZWETSCHKENRÖSTER

ZUTATEN

1 P. Topfen, 1 Ei, 4 EL Mehl
Für die Butterbrösel:
Semmelbrösel, Butter,
1 P. Vanillezucker
Für die Zwetschkenröster:
1 kg Zwetschken,
200 g Kristallzucker,
Zimtrinde, ein Schuss
Rum, 1/8 Liter Wasser

ZUBEREITUNG

Topfen, Ei und Mehl verrühren. Die Masse etwas ziehen lassen. Mit einem Esslöffel Nockerl formen und in kochendes Wasser einlegen. Zirka 5 Minuten leicht kochen lassen. Die Nockerl abseihen und in Butterbröseln wälzen. Mit Puderzucker bestreuen und mit Zwetschkenröster servieren. Zwetschkenröster: Zwetschken waschen, entkernen und klein schneiden. Zimtrinde und Wasser zugeben, mit Zucker weich kochen und mit dem Rum verfeinern. Zugedeckt auskühlen lassen.

Auch als Hauptspeise geeignet!

ZWETSCHKENTERRINE „HERBSTSEGEN"

ZUTATEN

500 g Zwetschken,
100 g Zucker,
50 g Mandelblättchen,
Zimt, Zwetschkenlikör oder Slibowitz,
9 Blatt Gelatine

Mit Zimt-Schlagobers servieren!

ZUBEREITUNG

Gelatine in kaltem Wasser einweichen. Zwetschken in Zuckerwasser und Zimt weich kochen. Eingeweichte und aufgelöste Gelatine, Mandeln und Zwetschkenlikör in das Kompott einrühren. In eine mit Frischhaltefolie ausgelegte Rehrückenform füllen und über Nacht kalt stellen.

ZWETSCHKEN-OBSTKUCHEN

ZUTATEN

4 Dotter, 4 Eiklar,
200 g Zucker,
200 g Mehl,
200 g Butter,
1/2 Pkg. Backpulver,
1 Pkg. Vanillezucker,
Für den Belag:
500 g Obst (je nach Belieben entweder Marillen, Kirschen, Zwetschken oder Rhabarber)
Backtemperatur: 200 Grad
Backzeit: ca. 40 Minuten

ZUBEREITUNG

Butter, Zucker und Vanillezucker schaumig rühren. Nach und nach die Dotter dazurühren. Das Eiklar zu Schnee schlagen und das mit Backpulver vermischte Mehl vorsichtig unterheben. Die Masse auf ein befettetes Blech streichen. Mit dem Obst belegen und backen.

BEEREN

ZUTATEN

Für den Rührteig:
3 Eiklar, 150 g Zucker,
150 g Walnüsse
Für die Creme:
250 g Mascarpone,
250 g Joghurt.,
1/4 Liter Schlagobers
(Schlagsahne),
100 g Zucker,
5 Blatt Gelatine,
Saft einer Zitrone,
500 g Brombeeren,
1 EL Zucker, 1 EL Rum oder
Brombeerlikör
Backtemperatur: 180 Grad
Backzeit: 35 Minuten;
Backrohr vorheizen

BROMBEEREN IM WALNUSSBEET

ZUBEREITUNG

Eiklar mit Zucker sehr fest schlagen, dann die Walnüsse vorsichtig einrühren, in eine Tortenform füllen und backen. Den ausgekühlten Tortenboden auf einen Teller legen, den Tortenring herumstellen, den Boden mit Marmelade bestreichen und dicht mit den marinierten Brombeeren belegen. Gelatine einweichen.

Mascarpone, Joghurt und Zucker verrühren, die Gelatine im Zitronensaft auflösen und in die Crememasse einrühren. Das Schlagobers steif schlagen und vorsichtig unterheben. Diese Creme über die Brombeeren gießen. Die Torte einige Stunden kühl stellen und mit gerösteten Mandelblättchen bestreuen.

„KARLIS" SCHLEMMERTORTE

ZUTATEN

Für den Biskuitteig:
120 g Zucker,
4 Dotter,
80 g Mehl,
1 P. Vanillezucker,
4 Eiklar

Für die Joghurtcreme:
1/4 l Joghurt,
80 g Puderzucker,
1 P. Vanillezucker,
Zitronensaft,
5 Blatt Gelatine,
2 EL Rum,
1/4 l Schlagobers (Schlagsahne),
Erdbeeren zum Belegen

Backtemperatur: 180 Grad
Backzeit: ca. 30 Minuten (bis sich der Teig von der Backform löst)

ZUBEREITUNG

Dotter, Zucker und Vanillezucker schaumig rühren. Mehl und den steif geschlagenen Schnee unterheben. Teig backen.

Für die Creme Joghurt, Rum, Zitronensaft, Staubzucker und Vanillezucker vermengen, Gelatine in kaltem Wasser einweichen, gut ausdrücken und in knapp 6 EL heißem Wasser auflösen, überkühlen lassen und schnell unter die Creme rühren. Zuletzt das geschlagene Schlagobers dazugeben. Die Creme im Kühlschrank fest werden lassen.

Torte halbieren, mit Creme füllen, etwas Creme auch obenauf streichen, mit den Erdbeeren belegen und eventuell Gelee darüber gießen.

GEBACKENE ERDBEERTORTE

ZUTATEN

Für den Rührteig:
150 g Butter, 150 g Zucker,
5 Dotter,
250 g Mehl
Für die Haube: 5 Eiklar,
150 g Zucker,
500 g Erdbeeren
Backtemperatur: 180 Grad
Backzeit: 15 Minuten vorbacken, 20 Minuten backen

ZUBEREITUNG

Butter, Dotter, Zucker abtreiben, Mehl einarbeiten. Den Teig in die Tortenform drücken und einen kleinen Rand formen. Den Boden nun hellgelb vorbacken. Die Eiklar zu festem Schnee schlagen; den Zucker dazugeben und die Erdbeeren vorsichtig unterheben. Nun die Torte fertig backen.

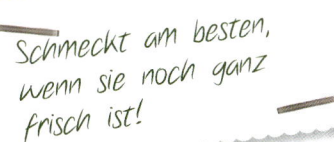

Schmeckt am besten, wenn sie noch ganz frisch ist!

ERDBEER-STANITZERL

ZUTATEN

2 Eier abwiegen, gleiches Gewicht Kristallzucker, gleiches Gewicht glattes Mehl, 1 P. Vanillezucker
Für die Füllung: Schlagobers (Schlagsahne), Erdbeeren
Backtemperatur: 200-220 Grad
Backzeit: 5–10 Minuten (nicht zu dunkel werden lassen); Backrohr vorheizen

ZUBEREITUNG

Eier mit Zucker und Vanillezucker schaumig rühren. Mehl langsam unterrühren. Teig auf ein befettetes Blech in Form von kleinen Kreisen auftragen (ca. 6 Stück pro Blech). Noch heiß in Stanitzel (Waffeltüten) formen. Auskühlen lassen und mit Schlagobers und Erdbeeren füllen.

BEEREN

ERDBEERCHARLOTTE

ZUTATEN

ZUBEREITUNG

Für den Rührteig: 6 Dotter,
6 Eiklar, 300 g Zucker,
6 EL Wasser,
1 P. Vanillezucker,
250 g Mehl,
1 TL Backpulver

Für die Füllung: 1/2 kg Topfen (Quark),
6 Blatt Gelatine,
1/4 l pürierte Erdbeeren,
150 g Zucker, Saft einer halben Zitrone,
1/4 l Schlagobers (Schlagsahne),
Erdbeermarmelade,
Erdbeeren zum Garnieren

Backtemperatur: 200 Grad
Backzeit: ca. 15 Minuten;
Backrohr vorheizen

Dotter, Zucker, Vanillezucker, Wasser sehr schaumig rühren. Eiklar zu steifem Schnee schlagen. Mehl mit Backpulver vermischen und in die Dottermasse einsieben; Schnee unterheben. Ein Backblech mit Backpapier auslegen und die Masse verteilen. Nach dem Backen den Teig auf ein mit Kristallzucker bestreutes Geschirrtuch stürzen. Mit Erdbeermarmelade bestreichen und noch warm einrollen. Gelatine in kaltem Wasser einweichen. Topfen mit Zucker und Erdbeerpüree verrühren. Die Gelatine in Zitronensaft auflösen. Obers steif schlagen und beides in die Topfenmasse rühren. Eine Kuppelform mit Frischhaltefolie auslegen und mit der in Scheiben geschnittenen Biskuitroulade sorgfältig auslegen. Die Topfenmasse einfüllen. Mit den restlichen Biskuitscheiben belegen und über Nacht kühl stellen. Am nächsten Tag stürzen und die Frischhaltefolie abziehen. Mit Schlagobers und frischen Erdbeeren verzieren.

BEEREN

BRANDTEIGKRAPFERL MIT ERDBEEREN

ZUBEREITUNG

Das Wasser mit Fett und Salz aufkochen lassen. Das Mehl einrühren und vom Herd nehmen. Nach und nach die Eier einrühren bis ein glatter Teig entsteht. Die Masse mit einem Spritzbeutel in Krapferln auf ein mit Backpapier ausgelegtes Blech spritzen und bei 250 Grad backen. Ofentür während des Backens nicht öffnen. Wenn die Krapferl hellgelb sind, auf 200 Grad zurückschalten. Ofentür nicht mehr aufmachen. Ausgekühlt mit geschlagenem Obers und Erdbeeren füllen. Mit Puderzucker bestreuen.

ZUTATEN

Für den Brandteig:
1/8 l Wasser, 120g Butter, eine Prise Salz, Puderzucker, 120 g Mehl,
4 ganze Eier

Für die Füllung:
Schlagobers (Schlagsahne), Erdbeeren, Puderzucker
Backtemperatur: 250 Grad
Backzeit: 20-30 Minuten;
Backrohr auf 250 Grad vorheizen

ERDBEER-TIRAMISU

ZUBEREITUNG

Gelatine einweichen. Erdbeeren waschen und pürieren. Mit Zucker und Zitronensaft mischen, die aufgelöste Gelatine dazugeben und mit Erdbeerlikör abschmecken. Dotter mit dem Zucker schaumig rühren und den Mascarpone mit dem Schneebesen unterziehen. Biskotten kurz in Erdbeersaft tauchen und in eine Auflaufform legen. Das Erdbeermus darüber gießen, dann eine Schicht Mascarponecreme, gefolgt von weiteren Lagen Biskotten, Erdbeermus und Mascarponecreme; eventuell mit Schokoladeraspeln bestreuen und mit frischen Erdbeeren verzieren.

ZUTATEN

1 Packung Biskotten (Löffelbiskuits),
400 g Erdbeeren,
100 g Zucker, Zitronensaft, Erdbeerlikör, Erdbeersaft,
3 Blatt Gelatine

Für die Creme:
100 g Zucker, 4 Dotter,
500 g Mascarpone

BEEREN

ZUTATEN

7 Dotter, 7 Eiklar,
70 g Zucker,
80 g Mehl,
etwas Backpulver,
1/4 l Schlagobers (Schlagsahne), Erdbeeren zum Füllen
Backtemperatur: 200 Grad
Backzeit: ca. 15 Minuten

ERDBEER-SCHLEMMERROULADE

ZUBEREITUNG

Die Dotter mit dem Zucker schaumig rühren. Den aus dem Eiklar geschlagenen Schnee und das mit Backpulver vermischte Mehl unterheben. Auf ein mit Backpapier ausgelegtes Backblech legen und backen. Noch heiß einrollen. Die ausgekühlte Roulade mit Schlagobers und Erdbeeren füllen.

Schnell zubereitet und schmeckt wie „Salzburger Nockerl"!

ZUTATEN

1 P. Topfen (Quark),
1/4 l Joghurt,
100 g Puderzucker,
1 P. Vanillezucker,
Saft einer Orange,
1 Zitrone,
3 Blatt Gelatine,
1/4 kg Mascarpone,
200 g Erdbeeren

ERDBEER-MASCARPONE-NOCKERL

ZUBEREITUNG

Erdbeeren waschen, in kleine Stücke schneiden und pürieren. Gelatine in kaltem Wasser einweichen. Marcarpone, Topfen, Joghurt, Zucker, Vanillezucker sowie Orangen- und Zitronensaft gut verrühren. Erdbeerpüree untermischen. Die in ganz wenig heißem Wasser aufgelöste Gelatine in die Erdbeermasse einrühren und in eine Auflaufform füllen.
Im Kühlschrank fest werden lassen (2 bis 3 Stunden). Mit einem Löffel große Nockerl ausstechen und mit Erdbeerstücken garnieren. Eventuell mit Puderzucker bestreuen.

BEEREN

ERDBEERPARFAIT

ZUTATEN

2 Eier, 1 Dotter,
100 g Zucker,
1 P. Vanillezucker,
1 Schnapsglas Erdbeerlikör,
1 EL Zitronensaft,
200 g Erdbeeren,
1/4 l Schlagobers (Schlagsahne),
ev. Schokoladenstückchen

ZUBEREITUNG

Eier mit Dotter, Zucker, Vanillezucker und Zitronensaft über Dunst schaumig schlagen und bis zum Erkalten weiterschlagen. Ca. 3/4 der Erdbeeren pürieren und die andere Hälfte in kleine Stückchen schneiden. Das Erdbeerpüree unter die Eimasse rühren. Schlagobers steif schlagen und zusammen mit den Erdbeerstückchen und den Schokoladestückchen vorsichtig unterrühren. Die Masse in eine mit Klarsichtfolie ausgelegte Rehrückenform füllen und einige Stunden tiefkühlen.

MARINIERTE ERDBEEREN

ZUTATEN

400 g Erdbeeren,
2 Orangen,
50 g Zucker,
4 cl Erdbeerlikör

ZUBEREITUNG

Die Schale einer Orange und den Saft von zwei Orangen mit dem Zucker aufkochen. So lange kochen, bis die Soße um 1/4 reduziert ist. Erdbeerlikör dazugeben und auskühlen lassen. Erdbeeren darin marinieren und in Glasschalen servieren.

BEEREN

> *Auch Himbeeren eignen sich als Fülle.*

ERDBEER-KARDINALSCHNITTE

ZUTATEN

Für die Bisquitmasse:
2 Eier, 3 Dotter,
50 g Zucker, 50 g Mehl

Für die Eiweißmasse:
3-5 Eiklar,
200 g Kristallzucker

Für die Füllung:
1/4 l Schlagobers
(Schlagsahne), Erdbeeren

Backtemperatur: 125 Grad Heißluft
Backzeit: 50 Minuten

ZUBEREITUNG

Eier, Dotter, Zucker schaumig schlagen. Das Mehl unterheben. Das Eiweiß mit dem Zucker steif schlagen. Den Schnee in einen Dressiersack füllen und auf ein mit Backpapier ausgelegten Blech 2 x je drei Streifen Schnee gleichmäßig aufspritzen. Zwischen diesen Streifen jeweils 2 x 2 Streifen der Bisquitmasse aufstreichen und backen. Ausgekühlt das Papier entfernen, die eine Hälfte als Unterteil verwenden und mit geschlagenem Obers bestreichen und mit den Erdbeerstückchen belegen. Den zweiten Teil daraufsetzen und mit Staubzucker bestreuen.

ERDBEERLIKÖR

ZUTATEN

1 kg Erdbeeren,
1/2 Stange Zimt,
500 g weißer Kandiszucker,
1 1/2 l Weinbrand

ZUBEREITUNG

Die gewaschenen Erdbeeren, Zimt und Kandiszucker in eine Glasflasche schichten, zudecken und gut durchkühlen. Am nächsten Tag den Weinbrand über die Früchte gießen, die Glasflasche fest verschließen und 2 Monate an einen sonnigen Platz stellen. Von Zeit zu Zeit die Glasflasche schütteln. Nach 2 Monaten den Likör durch ein mit einem Leintuch ausgelegtes Sieb seihen. Den Likör in kleine Flaschen abfüllen und dunkel aufbewahren.

HEIDELBEERKUCHEN

ZUTATEN

300 g Butter, 300 g Zucker,
1 P. Vanillezucker,
eine Prise Salz, Schale
einer halben Zitrone,
4 Eier, 300 g glattes Mehl,
600 g Heidelbeeren
Backtemperatur: 170 Grad
Backzeit: ca. 60 Minuten

ZUBEREITUNG

Backrohr vorheizen. Heidelbeeren waschen und gut abtropfen lassen. Weiche Butter, Zucker, Vanillezucker, wenig Salz und abgeriebene Zitronenschale cremig rühren. Eier nach und nach zugeben und die Masse schaumig schlagen. Mehl unterheben und auf ein befettetes, bemehltes Blech streichen. Die Heidelbeeren darauf verteilen und backen. Den Kuchen aus dem Rohr nehmen, auskühlen lassen und mit Puderzucker bestreuen.

HEIDELBEER-MUFFINS

ZUTATEN

Für den Rührteig
(für 12 Stück): 200 g Mehl,
60 g zarte Haferflocken,
2 TL Backpulver,
1/2 TL Natron, 2 Eier,
180 g brauner Zucker,
150 g weiche Butter,
1 P. Vanillezucker,
300 g Sauerrahm
(saure Sahne),
200 g Heidelbeeren
Backtemperatur: 180 Grad
Backzeit: ca. 20 Minuten;
Backrohr vorheizen

ZUBEREITUNG

Eier aufschlagen und leicht verrühren, dann Zucker, Butter, Vanillezucker und Rahm dazugeben und gut verrühren. Anschließend das Mehl mit Backpulver, Natron und Haferflocken mischen und vorsichtig unter die Eimasse heben. Die Heidelbeeren unterheben, die Muffin-Formen mit Papierförmchen auslegen, mit dem Teig füllen und im Rohr goldgelb backen. Mit Zucker bestreut warm oder kalt servieren.

BEEREN

ZUTATEN

Für den Rührteig:
150 g Mehl, 3 Eier,
50 g Zucker,
1/4 l Milch,
etwas Salz,
Fett zum Herausbacken,
500 g Heidelbeeren
Backtemperatur: 180 Grad
Backzeit: ca. 30 Minuten

Ist eine schnelle Mahlzeit!

HEIDELBEERFLECK

ZUBEREITUNG

Dotter mit Zucker schaumig rühren, salzen, das Mehl dazugeben und mit so viel Milch aufgießen, dass ein dicker Teig entsteht. Eiklar zu festem Schnee schlagen und zusammen mit den Heidelbeeren unter den Teig mischen. Teig mit einem Schöpfer portionsweise in heißes Fett geben und möglichst rasch zu handtellergroßen Plätzchen backen. Mit Zucker bestreut heiß servieren.

HEIDELBEERCREME

ZUTATEN

1/4 l Joghurt
40 g Staubzucker
1/4 l Schlagobers
(Schlagsahne)
Saft einer halben Zitrone
300 g Heidelbeeren

ZUBEREITUNG

Joghurt, Zucker und Zitronensaft verrühren. Schlagobers steif schlagen und mit den Heidelbeeren unter die Joghurtmasse heben.

Eventuell mit Heidelbeerlikör verfeinern!

HIMBEER-NUSSTORTE

ZUTATEN

Für den Rührteig:
3 Eier, 150 g Zucker,
150 g geriebene Walnüsse
Für die Creme:
1/2 l Joghurt,
6-7 Blatt Gelatine,
Saft einer halben Zitrone,
1 P. Vanillezucker,
150 g Zucker,
1/4 l Schlagobers
(Schlagsahne),
500 g Himbeeren
Backtemperatur: 180 Grad
Backzeit: 25-30 Minuten;
Backrohr vorheizen

ZUBEREITUNG

Eier und Zucker schaumig rühren und Walnüsse vorsichtig unterheben. Den Teig in eine gebutterte und mit Nüssen ausgestreute Tortenbackform geben und backen. Gelatine einweichen. Joghurt mit Zucker und Vanille vermengen. Gelatine im Zitronensaft auflösen und dazurühren. Schlagobers steif schlagen und vorsichtig unterheben.

Den ausgekühlten Kuchenboden auf einen Teller geben und einen Tortenring darüber stellen. Die Himbeeren auf dem ausgekühlten Boden verteilen. Joghurtcreme einfüllen und Torte einige Stunden kühl stellen.

Schmeckt ausgezeichnet zur Sommerjause!

BEEREN

HIMBEER-BRANDTEIGTORTE

ZUTATEN

Für den Brandteig:
1/4 l Milch,
eine Prise Salz,
75 g Butter,
125 g Mehl,
5 Eier

Für die Füllung:
300 g Himbeeren,
1/2 l Schlagobers (Schlagsahne),
100 g Zucker,
1 P. Vanillezucker,
1 EL Himbeerlikör

Backtemperatur: auf 200 Grad vorheizen

Backzeit: 20 Minuten

ZUBEREITUNG

Milch, Salz, Butter erhitzen, Mehl auf einmal dazuschütten und kräftig rühren, bis sich der Teig vom Topfboden löst. Nach und nach die verrührten Eier dazugeben.

Eine Springform befetten und jeweils 1/3 des Teiges einfüllen. 3 Teigböden backen.

Schlagobers mit Zucker und Sahnesteif steif schlagen, mit Vanillezucker und Himbeerlikör verfeinern und die Himbeeren vorsichtig unterheben.

Die 3 Böden mit dem Himbeer-Schlagobers füllen und ev. mit Lavendelzucker bestreut servieren.

Eventuell mit Lavendelzucker bestreuen!

MAULWURFSKUCHEN MIT HIMBEEREN

ZUTATEN

200 g Zucker, 1/8 l Öl,
1/8 l Wasser, 5 Dotter,
5 Eiklar, 50 g Zucker,
130 g Mehl, 130 g
geriebene Haselnüsse,
1 P. Backpulver,
3 EL Kakao,

Für die Füllung:
500 g Himbeeren,
5 EL Himbeerlikör,
1/4 l Schlagobers (Schlagsahne),
1 P. Vanillezucker

Backtemperatur: 180 Grad
Backzeit: ca. 45 Minuten

ZUBEREITUNG

Dotter, Zucker, Wasser und Öl schaumig schlagen. Nüsse, Mehl, Backpulver und Kakao dazugeben. Das Eiklar mit 50 g Zucker steif schlagen und unter die Masse heben. Den Teig in eine befettete und bemehlte Tortenform streichen und backen.

Die Himbeeren waschen und abtropfen lassen. Von der ausgekühlten Torte waagrecht 1/4 abschneiden und zerbröseln. Die restliche Torte mit dem Himbeerlikör befeuchten und mit den Himbeeren belegen.

Schlagobers schlagen und Vanillezucker dazugeben. Über die Himbeeren streichen und die Tortenbrösel darüber streuen.

Ein ideales Dessert für Hobbygärtner!

BEEREN

HIMBEER-TOPFENTORTE

ZUTATEN

ZUBEREITUNG

100 g Butter,
30 g Puderzucker,
1 P. Vanillezucker,
1 TL Zimt,
eine Prise Salz,
4 Dotter,
3 Eiklar,
90 g Zucker,
150 g Mohn,
70 g Haselnüsse

Für die Creme:
250 g Topfen (Quark),
60 g Puderzucker,
Saft und Schale,
einer halben Zitrone,
1 P. Vanillezucker,
eine Prise Salz,
1 Becher Schlagobers
(Schlagsahne),
5 Blatt Gelatine

Für den Belag:
300 g Himbeeren,
50 g Puderzucker,
3 Blatt Gelatine

Backtemperatur: 180 Grad
Backzeit: ca. 30 Minuten

Butter und Puderzucker schaumig schlagen. Zimt, Vanillezucker, Salz und Dotter beimengen und gut mixen. Aus Eiklar und Zucker einen Schnee schlagen. Mohn, Haselnüsse und Schnee unterheben.

Für die Creme den Topfen mit Puderzucker, Schale und Saft der Zitrone, Vanillezucker und Salz gut mixen, aufgelöste Gelatine unterrühren. Zum Schluss geschlagenes Obers unterheben. Um den fertig gebackenen Tortenboden einen Ring geben, dann die Creme einfüllen und erkalten lassen.

Für den Belag die Himbeeren pürieren, erhitzen, Zucker und aufgelöste Gelatine unterrühren.

Ein wenig auskühlen lassen und langsam auf die bereits feste Creme gießen.

Foto: Yvonne Bogdanski/www.fotolia.com

BEEREN

ZUTATEN

Für den Tortenboden:
100 g Butter, 100 g Schokolade, 100 g geriebene Nüsse, 20 Stück geriebene Biskotten (Löffelbiskuits), ein Schuss Rum, 6 Blätter Gelatine

Für die Creme:
Saft einer Zitrone,
1/2 kg Topfen (Quark),
1/4 l Himbeeren,
150 g Zucker, 1/4 l Schlagobers (Schlagsahne)

HIMBEERTRAUM

ZUBEREITUNG

Gelatine in kaltem Wasser einweichen. Für den Tortenboden werden Butter und Schokolade zerlassen und mit den übrigen Zutaten vermengt. Einen Tortenring auf eine Tortenplatte stellen und die Masse hineindrücken. Für die Creme werden Topfen, Zucker und pürierte Himbeeren verrührt. Die im Zitronensaft aufgelöste Gelatine wird dazugerührt und das geschlagene Obers untergehoben. Die Creme auf dem Tortenboden verteilen und die Torte über Nacht kalt stellen.

Eine Torte, die nicht gebacken werden muss!

ZUTATEN

1 kg schöne, reife Holunderbeeren,
1/2 kg Zwetschken,
4 Äpfel, 2 P. Vanillezucker,
1/4 kg Zucker,
eine Prise Gewürznelken,
1 Msp. Zimt, ein Schuss Rum, 1/4 l Wasser
„G'machtl":
2 EL Sauerrahm (saure Sahne),
1 EL Mehl

HOLUNDERRÖSTER

ZUBEREITUNG

Die verlesenen Holunderbeeren mit Wasser, Nelken, Zucker, Vanillezucker, blättrig geschnittenen Äpfeln, halbierten Zwetschken und Rum aufkochen. Sauerrahm und Mehl verrühren und mit dem Schneebesen in das heiße Gemisch einrühren.

Köstliche GEHEIMNISSE

ZUTATEN

250 g Mehl,
140 g Butter,
2 Dotter,
5 EL Schlagobers (Schlagsahne)
Für die Schneehaube:
2-5 Eiklar, 200 g Zucker, 280 g Johannisbeeren (Ribiseln)
Vorbacken: 210 Grad, 15 Minuten
Fertigbacken: 150 Grad, 25 Minuten
Backzeit: 40 Minuten

EFERDINGER RIBISELKUCHEN

ZUBEREITUNG

Für den Mürbteig das Mehl mit der Butter abbröseln, 5 EL Schlagobers und 2 Dotter dazugeben. Den Teig dünn auswalken, auf ein Blech legen und im vorgeheizten Rohr goldgelb backen. In der Zwischenzeit Eiklar zu festem Schnee schlagen. Den Zucker dazugeben und die Johannisbeeren unterheben. Diese Menge auf den vorgebackenen Boden streichen und fertigbacken.

ZUTATEN

250 g Mehl, 150 g Puderzucker, 50 g Butter,
1 P. Vanillezucker,
3 EL Wasser, 1/2 P. Backpulver, 1/16 l Milch, 3 Dotter
Für den Belag: 3 Eiklar, 100 g Kristallzucker,
1 KL Maizena, Johannisbeeren (Ribiseln)
Backtemperatur: 200 Grad
Backzeit: 10–15 Minuten

SEEWALCHNER RIBISELKUCHEN

ZUBEREITUNG

Dotter und Puderzucker verrühren, Butter, Vanillezucker, Wasser, Milch und das mit Backpulver vermischte Mehl einrühren. Auf ein befettetes Backblech streichen (Achtung: Der Teig lässt sich schwer verstreichen). Nach dem Backen den Belag (Eiklar mit Kristallzucker und Maizena aufschlagen und Johannisbeeren unterheben) aufstreichen. Nochmals ins Backrohr schieben, bis die Schneehaube leicht bräunlich ist.

BEEREN

ZUTATEN

Für den Rührteig:
450 g Mehl,
1/2 P. Backpulver,
5 Eier, 250 g Butter,
280 g Zucker,
1 P. Vanillezucker,
Schale einer halben Zitrone, 1 Msp. Salz,
125 ml Milch,
1 kg Stachelbeeren
Backtemperatur: 170 Grad
Backzeit: ca. 50 Minuten;
Backrohr vorheizen

STACHELBEERKUCHEN

ZUBEREITUNG

Stachelbeeren waschen, Stiele und Blütenansatz abzwicken und gut trocknen. Butter, Zucker, Vanillezucker, Salz und Zitronensaft cremig rühren und nach und nach die Eier dazugeben. Mehl mit dem Backpulver vermischen und abwechselnd mit der Milch einmengen.
Nun den Teig auf ein Backblech streichen, gleichmäßig mit den Stachelbeeren belegen und goldgelb backen.

ZUTATEN

100 g kernige Haferflocken, 200 g Butter,
150 g Zucker,
250 g Mehl,
2 EL Puderzucker,
1 P. Vanillezucker,
700 g Stachelbeeren
Backtemperatur: 200 Grad
Backzeit: 10 Minuten vorbacken, 40 Minuten backen; Backrohr vorheizen

STACHELBEERCRUMBLE

ZUBEREITUNG

Die Beeren säubern. Haferflocken hellbraun rösten und in eine Schüssel geben. Die Butter schmelzen lassen. Zucker und Mehl zugeben, mit den Händen zu einer Krümelmasse bröseln und die Haferflocken hinzufügen. Eine runde Auflaufform fetten, die Hälfte der Krümel einstreuen und backen. Die Beeren darauf verteilen. Mit den restlichen Krümeln bestreuen und fertig backen. Puderzucker und Vanillezucker mischen und über den warmen Crumble geben. Der Crumble wird in England sowohl warm als auch kalt serviert. Dazu wird Schlagsahne gereicht.

WEINTRAUBEN-GERVAISTORTE

ZUTATEN

150 g Biskotten
(Löffelbiskuits),
125 g Butter,
300 g Weintrauben
(kernlose), 3 Blatt Gelatine,
5 EL Marsala (süßer
italienischer Weißwein),
600 g Gervais (Frischkäse).
300 g Joghurt,
100 g Zucker

ZUBEREITUNG

Für den Tortenboden die Butter zerlassen und mit den zerbröselten Biskotten vermengen. Diese Mischung fest in die Form drücken. Die Trauben waschen, halbieren und eventuell entkernen. Mit dem Marsala beträufeln und ziehen lassen.
Gelatine einweichen, Gervais, Joghurt, Zucker und die aufgelöste Gelatine verrühren. Den Biskottenboden mit der Hälfte der Creme bestreichen, die Weintrauben darauf legen und die zweite Hälfte der Creme darüber geben. Mindestens 2 Stunden kühl stellen.

Muss nicht gebacken werden!

WEINTRAUBENSTRUDEL

ZUTATEN

Strudelteig (4 Blätter),
3 Dotter, 3 Eiklar,
40 g Butter, 250 g Topfen
(Quark), 1/8 l Sauerrahm
(saure Sahne),
70 g Kristallzucker,
20 g Mehl, 500 g
Trauben (kernlose)
Backtemperatur: 180 Grad
Backzeit: ca. 45 Minuten

ZUBEREITUNG

Trauben waschen und gut abtropfen lassen. Butter, Topfen, Sauerrahm und Dotter cremig rühren. Eiklar mit Kristallzucker zu Schnee schlagen und mit dem Mehl unter die Topfenmasse heben. Strudelblätter nach Anweisung vorbereiten. Die Hälfte der Füllung und der Trauben auf einem Drittel des Doppelblattes verteilen, zu einem Strudel rollen und mit Butter bestreichen. Mit den beiden restlichen Strudelblättern ebenso verfahren und ins Rohr schieben.

Ideales Dessert, wenn unverhofft Besuch kommt!

BEEREN

TRAUBENCREME

ZUTATEN

125 g grüne Trauben,
125 g blaue Trauben,
250 g Topfen (Quark),
etwas Milch, 1/4 l
Schlagobers (Schlagsahne),
5 EL Zucker,
1 P. Vanillezucker,
1 unbehandelte Zitrone
Für den Belag: 8 EL
geröstete, kernige
Haferflocken,
1/2 EL Butter, 1 EL Zucker

ZUBEREITUNG

Topfen mit Milch, Zucker und Vanillezucker schaumig rühren. Saft und geriebene Schale einer Zitrone beifügen. Schlagobers schlagen und unter die Topfenmasse heben. Die gewaschenen und halbierten Weintrauben darunter mischen. Die Creme in eine Glasschale füllen und mit den mit Butter und Zucker gerösteten Haferflocken bestreuen.

BEERENPALATSCHINKEN

ZUTATEN

3 Eier, 100 g Mehl,
1/2 l Milch,
Vanilleeis, Himbeeren,
Erdbeeren, Brombeeren
Für das Fruchtmus:
passierte Beeren,
Zucker nach Geschmack,
Beerenlikör

ZUBEREITUNG

Eier, Mehl und Milch verquirlen, dünne Palatschinken backen. Diese mit einer Kugel Vanilleeis und verschiedenen Beeren füllen. Mit Fruchtmus verzieren.

SAVARIN MIT BEEREN

ZUTATEN

Für den Hefelteig:
250 g Mehl,
50 g Zucker,
1 P. Vanillezucker,
1/8 l lauwarme Milch,
100 g zerlassene Butter,
2 Eier

Zutaten für den Vorteig („Dampferl"):
1 P. Hefe,
1 TL Kristallzucker,
2 EL lauwarme Milch,
2 EL Mehl

Zum Tränken:
100 g Puderzucker,
Saft von 5 Orangen ,
ein Schuss Rum,
Beeren zum Füllen,
Schlagobers (Schlagsahne) zum Garnieren

Backtemperatur: 200 Grad
Backzeit: ca. 30 Minuten

ZUBEREITUNG

Vorteig zubereiten und an einem warmen Ort aufgehen lassen.

In der Zwischenzeit Mehl, Zucker, Vanillezucker, Milch, Butter und Eier verrühren und den aufgegangenen Vorteig dazugeben.

Den Teig gut durchkneten und an einem warmen Ort aufgehen lassen. Backrohr vorheizen. Den Teig in eine befettete Ringform geben und nochmals aufgehen lassen, bis sich die Teigmenge verdoppelt hat. Die Zutaten zum Tränken erwärmen und über den gebackenen und aus der Ringform gestürzten Savarin gießen. Vor dem Servieren den Savarin mit Beeren füllen und mit Schlagobers verzieren.

BEEREN

JOGHURTNOCKERL „ULLI"

ZUTATEN

1/4 l Joghurt,
1/4 l Schlagobers (Schlagsahne),
80 g Puderzucker,
3 Blatt Gelatine,
Saft einer halben Zitrone

ZUBEREITUNG

Gelatine in wenig kaltem Wasser einweichen. Joghurt, Puderzucker und Zitronensaft verrühren. Die erwärmte und in etwas Wasser aufgelöste Gelatine und das geschlagene Obers vorsichtig unter die Joghurtmasse heben. Die Masse im Kühlschrank erkalten lassen. Mit einem Löffel Nockerl ausstechen und auf Erdbeermark, Himbeermark und Heidelbeermark anrichten.

Schmeckt einfach köstlich und zergeht auf der Zunge!

PANNA COTTA MIT BEERENVARIATION

ZUTATEN

1/4 Liter Schlagobers (Schlagsahne),
50 g Kristallzucker,
1 Vanilleschote,
1 1/2 Blatt Gelatine,
Beeren der Saison

ZUBEREITUNG

Das Schlagobers, den Kristallzucker und die ausgekratzte Vanilleschote ca. 5 Minuten auf kleiner Flamme köcheln lassen.
Anschließend die aufgelösten Gelatineblätter beigeben und fest verrühren. Die fertige Masse in Kaffeetassen abfüllen und mindestens 8 Stunden kalt stellen. Aus der Form stürzen und mit frischen Beeren des Gartens anrichten.

Etwas deftig, aber oho!

BEEREN

ROTE GRÜTZE

ZUTATEN

250 g Heidelbeeren,
250 g Brombeeren,
125 g Himbeeren,
175 g Zucker,
1 P. Vanillezucker,
1 EL Zitronensaft,
1 Zimtstange,
2 EL Speisestärke,
1/2 l Wasser,
Backtemperatur: 200 Grad
Backzeit: ca. 30 Minuten

ZUBEREITUNG

Beeren in einen Topf geben und mit Wasser bedecken.
Zucker, Vanillezucker, Zitronensaft, Zimtstange und Speisestärke dazugeben und umrühren.
Alles aufkochen lassen. Den Topf von der Herdplatte nehmen und 10 Minuten ziehen lassen.
Die Grütze in Glasschalen portionieren und mit Schlagobers servieren.

Foto: Christian Jung/www.fotolia.com

BLÜTEN UND KRÄUTER

GEBACKENE HOLUNDERBLÜTEN

ZUTATEN

200 g Mehl, 1 Dotter,
2 Eier, 1 Prise Salz,
100 g Zucker, 1/2 l Milch,
1 Becher Backfett,
Holunderblüten (Dolden),
Puderzucker zum
Bestreuen

ZUBEREITUNG

Zutaten mit einem Quirl zu einem dünnen Teig verrühren. Die Holunderblüten waschen, abtrocknen und am Stängel haltend in den dünnen Omelettenteig tauchen. Im heißen Fett schwimmend backen. Vor dem Servieren mit Puderzucker bestreuen.

HOLUNDERBLÜTEN-TERRINE

ZUTATEN

1/4 l Schlagobers
(Schlagsahne),
8 Blatt Gelatine,
200 g Gervais (Frischkäse),
0,2 l Holunderblütensaft,
1/4 l Sauerrahm
(saure Sahne),
1 EL Zitronensaft

ZUBEREITUNG

Gelatine in kaltem Wasser einweichen. Gervais, Holunderblütensaft und Sauerrahm gut verrühren. Obers steif schlagen. Gelatine im Zitronensaft auflösen und unter die Gervaismasse rühren. Anschließend das Obers unterheben. Die Masse in eine mit einer Frischhaltefolie ausgelegte Rehrückenform füllen und mindestens 4 Stunden kühl stellen.

Ein ausgezeichnetes Frühlingsdessert!

BLÜTEN UND KRÄUTER

HOLUNDERBLÜTENSIRUP

ZUTATEN

(für 6 Liter)
4000 g Kristallzucker,
2 l Wasser,
4 unbehandelte Zitronen,
140 g Zitronensäure,
40 Holunderblütendolden

ZUBEREITUNG

Zucker mit dem Wasser aufkochen, abkühlen lassen. Zitronen in feine Scheiben schneiden; mit den Holunderblüten, der Zitronensäure und dem Zuckerwasser in ein großes Gefäß geben. Diesen Ansatz 48 Stunden kühl stellen. Dann durch ein Leinentuch abseihen, mit dem Zucker gut verrühren und nochmals 48 Stunden ziehen lassen. Nun den Sirup in Flaschen füllen und kühl und dunkel lagern.

Sehr beliebt bei Kindern! Mit Sekt aufgespritzt als Aperitif erfrischend!

HOLUNDERBLÜTENLIKÖR

ZUTATEN

(für 2 Liter)
25 Holunderblütendolden,
3 unbehandelte Zitronen,
Saft von 3 Zitronen,
400 g Zucker,
1,5 l neutraler Schnaps,
1/4 l Wasser

ZUBEREITUNG

Die unbehandelten Zitronen in feine Scheiben schneiden, die restlichen Zitronen auspressen. Den Zucker im Wasser auflösen.
Holunderblüten und Zitronenscheiben in ein großes Gefäß schichten und mit dem Zitronensaft beträufeln; mit dem Zuckerwasser aufgießen. Das Gefäß abdecken und 10 Tage an einem warmen Ort stehen lassen. Diesen Ansatz durch ein Leinentuch seihen, mit dem Schnaps gut verrühren und in Flaschen füllen.

BLÜTEN UND KRÄUTER

PLOBERGER-SCHNITTEN MIT LAVENDELZUCKER

ZUTATEN

150 g Zucker, 4 Eier,
150 g geriebene Mandeln oder Haselnüsse,
150 g geriebene Schokolade, 50 g Mehl
Backtemperatur: 180 Grad
Backzeit: 20 Minuten

ZUBEREITUNG

Ein ganzes Ei und 3 Dotter mit Butter und Zucker abtreiben.
Nüsse und Schokolade beifügen, Mehl und Schnee von 3 Eiklar unterziehen.
Den Teig auf ein befettetes und bebröseltes Backblech streichen und backen.
Eventuell nach dem Backen mit Lavendelzucker bestreuen.

LAVENDELZUCKER

ZUTATEN

Feinkristallzucker,
tiefblaue Lavendelblüten

ZUBEREITUNG

Zucker und Lavendelblüten schichtweise in ein Vorratsglas füllen und gut verschließen.
Nach ca. 6 Wochen den Lavendelzucker durch ein Sieb sieben, das nur den Zucker durchlässt.
Schmeckt hervorragend in Tee, Palatschinken, Eis. Eignet sich zum Überzuckern von Früchtekuchen.

BLÜTEN UND KRÄUTER

RINGELBLUMENSCONES

ZUTATEN

500 g Mehl, 1 P. Backpulver, 1 TL Natron,
130 g Butter,
50 g Zucker, 1 Ei,
eine Prise Salz,
150 ml Milch,
2 EL frische Ringelblumenblütenblätter,
Mascarpone und Marmelade zum Garnieren
Backtemperatur: 220 Grad
Backzeit: ca. 15 Minuten

ZUBEREITUNG

Mehl, Backpulver, Natron Salz und Ringelblumenblätter vermischen. Butter in Flöckchen und das mit der Milch verquirlte Ei einrühren. Alles zu einem leicht klebrigen Teig verkneten.
Nun den Teig 2 cm dick ausrollen und Kreise ausstechen. Dann im Rohr goldgelb backen. Mit Mascarpone und Marmelade servieren.

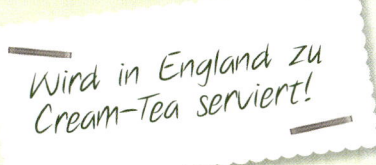

Wird in England zu Cream-Tea serviert!

ROSENLIMONADE

ZUTATEN

200 ml Wasser,
200 g Zucker,
6 Zitronen,
2 Handvoll duftende Rosenblütenblätter

ZUBEREITUNG

Wasser und Zucker aufkochen und die Rosenblütenblätter hineingeben. Topf vom Herd nehmen und kühl stellen.
Den Saft von 6 Zitronen dazugeben und anschließend abseihen. Mit Mineralwasser aufspritzen und mit Eiswürfeln servieren, in denen kleine Rosenblätter eingefroren sind.

BLÜTEN UND KRÄUTER

ROSEN-PFIRSICHBOWLE

ZUTATEN

2 Pfirsiche,
3 unbehandelte Zitronen,
2 Orangen,
1 P. Vanillezucker,
2–3 EL Zucker,
75 ml Pfirsichlikör,
1 Handvoll Rosenblätter,
1 Flasche Sekt

ZUBEREITUNG

Pfirsiche in heißes Wasser geben und anschließend häuten. Dann in Spalten schneiden und mit dem Zucker, dem Vanillezucker und dem Saft von 2 Zitronen und Orangen ziehen lassen.
Eine Zitrone in feine Scheiben schneiden und mit dem Pfirsichansatz in ein schönes Glas füllen. Nun die duftenden Rosenblütenblätter dazugeben und mit Sekt aufgießen.

ROSENBLÄTTER AUS SCHOKOLADE

ZUTATEN

Kochschokolade (Backschokolade),
Rosenblätter mit starken Blattadern

ZUBEREITUNG

Kochschokolade im Wasserbad erwärmen.
Gewaschene und trockengetupfte Blätter mit geschmolzener Schokolade bestreichen und an einen kühlen Ort stellen. Anschließend Rosenblatt abziehen und die Schokoladenblätter in Dosen aufbewahren.

Ideal zur Tortendekoration!

BLÜTEN UND KRÄUTER

KANDIERTE VEILCHEN

ZUTATEN

1–2 Eiweiß,
100 g feiner Zucker,
Veilchenblüten

ZUBEREITUNG

Das Eiweiß leicht mit einer Gabel verschlagen. Die Blüten mit einem Backpinsel dünn damit bestreichen (darauf achten, dass auch das Blüteninnere benetzt ist) und mit Zucker bestreuen. Den überschüssigen Zucker vorsichtig abschütteln. Die Blüten 2 bis 3 Tage auf einem Rost in der warmen Küche trocknen lassen, bis sie sich hart wie Glas anfühlen. Zum Aufbewahren die kandierten Veilchen Lage für Lage durch Wachspapier getrennt in eine gut verschließbare Dose legen. Statt Eiweiß kann auch Gummiarabikum aus der Apotheke genommen werden. Das Pulver wird mit wenig Wasser angerührt, die Blüten werden damit wie mit dem Eiweiß bepinselt.

ZITRONENTHYMIAN-CREME

ZUTATEN

3 Blatt Gelatine,
250 g Joghurt,
125 ml Schlagobers
(Schlagsahne),
60 g Zucker,
1 EL Zitronenthymianblättchen, Saft einer halben Zitrone

ZUBEREITUNG

Gelatine einweichen. Joghurt und Zucker gut verrühren, Obers steif schlagen, Gelatine im Zitronensaft auflösen und beides unter die Joghurtsoße heben. Zuletzt die zitronenthymianblättchen vorsichtig untermischen. Nun eine beliebige Form mit Frischhaltefolie auslegen, die Creme einfüllen und mindestens 6 Stunden kühl stellen.
Mit marinierten Erdbeeren oder Fruchtmus servieren.

BLÜTEN UND KRÄUTER

WALDMEISTERBOWLE

ZUTATEN

ZUBEREITUNG

1 Sträußchen Waldmeister,
1 Flasche Weißwein,
1 Flasche Sekt,
3 EL Zucker,
1 unbehandelte Orange

Wenn man den Waldmeister über Nacht welken lässt, entfaltet er ein besonders feines Aroma.
Den gekühlten Weißwein in einen Glaskrug gießen und den Zucker darin völlig auflösen. Das Waldmeistersträußchen an einem Bindfaden so in das Gefäß hängen, dass die Stängel vom Wein nicht bedeckt werden. Nach 30 Minuten den Walmeister entfernen.
Orangen in dünne Scheiben schneiden, in den Wein legen und mit Sekt aufgießen.

GEMÜSE

Die Form gut einfetten.

ERDÄPFEL-AMEISENKUCHEN

ZUTATEN

300 g Butter,
220 g Kristallzucker,
1 P. Vanillezucker,
6 Eier, eine Prise Salz,
Schale einer unbehandelten Zitrone, 1 EL Rum,
400 g mehlige Kartoffeln (Erdäpfel),
300 g Kochschokolade,
300 g Mehl

Backtemperatur: 160 Grad
Backzeit: ca. 1 Stunde und 15 Minuten

ZUBEREITUNG

Kartoffeln weich kochen und noch heiß durch die Kartoffelpresse drücken.
Schokolade grob hacken und mit dem Mehl unter die ausgekühlten Kartoffeln geben.
Backrohr vorheizen. Butter, Zucker, Vanillezucker, Zitronenschale und Salz gut cremig rühren und nach und nach die Dotter und den Rum einrühren. Eiklar zu Schnee schlagen und vorsichtig mit der Kartoffelmehlmasse unter die Buttermasse heben. Den Teig nun in eine gefettete und bebröselte Kuchenbackform geben und in das Rohr schieben.

GEMÜSE

ERDÄPFELMOHNKUCHEN

ZUTATEN

ZUBEREITUNG

Für den Rührteig:
250 g Kartoffeln
(Erdäpfel),
150 g Butter,
7 Dotter und 1 Ei,
7 Eiklar, 70 g Zucker,
120 g Kristallzucker,
220 g geriebener Mohn,
120 g geriebene Nüsse,
20 g Semmelbrösel,
eine Prise Salz,
1 P. Vanillezucker,
Schale einer unbehandelten Zitrone,
Backtemperatur: 170 Grad
Backzeit: ca. 1 Stunde;
Backrohr vorheizen.

Kartoffeln dämpfen und noch heiß durch die Kartoffelpresse drücken. Butter, Zucker, Salz, Vanillezucker und Zitronenschale cremig rühren. Überkühlte Kartoffeln zugeben und nach und nach die Dotter und das Ei einrühren.

Mohn, Nüsse und Brösel vermischen. Eiklar mit dem Kristallzucker zu Schnee schlagen und mit der Mohnmischung vorsichtig unter die Erdäpfelmasse mengen.

Den Teig in eine gefettete, mit Bröseln ausgestreute Kuchenbackform streichen und backen.

GEMÜSE

SÜSSE KIPFLER

ZUTATEN

70 g Butter, 1 Ei,
250 g Topfen (Quark),
150 g gekochte Kartoffeln,
2 EL Weizengrieß,
250 g Mehl, eine Prise Salz,
beliebige Marmelade zum Füllen, Ei zum Bestreichen
Backtemperatur: 160 Grad
Backzeit: 25 Minuten

ZUBEREITUNG

Kartoffeln dünsten und noch heiß durch die Kartoffelpresse drücken. Die überkühlten Kartoffeln mit Butter, Ei, Topfen, Mehl, Grieß zu einem glatten Teig verkneten. Den Teig kühl rasten lassen. Backrohr vorheizen. Teig zu einer messerrückendicken, runden Platte ausrollen, vom Kreismittelpunkt aus Dreiecke schneiden, beim breiteren Ende einen TL Marmelade hinsetzen und einrollen. Die entstandenen Kipferl auf ein mit Backpapier ausgelegtes Blech legen; mit Ei bestreichen und goldgelb backen. Das Pulver wird mit wenig Wasser angerührt, die Blüten werden damit wie mit dem Eiweiß bepinselt.

KAROTTENTORTE

ZUTATEN

250 g Haselnüsse, 250 g Karotten, 4 Eiklar, 200 g Zucker, 4 Dotter, Saft einer halben Zitrone, ev. etwas Rum, eine Prise Nelkenpulver, 100 g Mehl
1/2 P. Backpulver
Für die Schokoladenglasur:
5 Rippen Kochschokolade (Backschokolade), 150 g Butter
Backtemperatur: 180 Grad
Backzeit: ca. 50 Minuten

ZUBEREITUNG

Haselnüsse und Karotten fein reiben und vermischen. Eiklar zu Schnee schlagen. 1/3 vom Zucker löffelweise einschlagen. Dotter mit restlichem Zucker dick schaumig rühren. Zitronensaft und ev. Rum, Haselnussgemisch und das Gemisch aus Nelkenpulver, Mehl und Backpulver abwechselnd mit dem Schnee unterheben. Erkaltet mit Schokoladenglasur (Schokolade und Butter im Wasserbad erweichen) überziehen.

Mit Schlagobers servieren und mit Marzipankarotten dekorieren!

GEMÜSE

KÜRBISMUFFINS

ZUTATEN

ZUBEREITUNG

Für den Rührteig:
170 g Mehl,
2 gehäufte TL Backpulver,
6 EL neutrales Öl,
2 Eier, 100 g Joghurt,
70 g Zucker,
Schale einer unbehandelten Zitrone,
je 1 Msp. Zimt, Zucker und Salz, 200 g Kürbis
Backtemperatur: 200 Grad
Backzeit: ca. 20 Minuten; Backofen vorheizen

Kürbis entkernen, schälen, fein raspeln und mit der Zitronenschale vermischen. Mehl mit Backpulver, Zucker, Zimt und Salz mischen.
Das Öl mit den Eiern und dem Joghurt schaumig schlagen und dann mit der Mehlmischung vermengen. Nun die Kürbisraspeln vorsichtig unterheben. Muffinsformen mit Papierförmchen auslegen. Teig in die Förmchen füllen und backen.

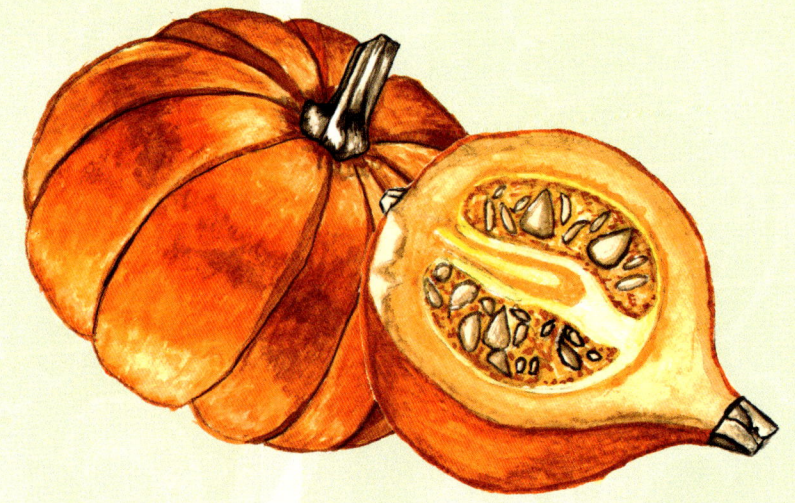

GEMÜSE

RHABARBERSCHNITTEN

ZUTATEN

150 g Butter,
6 Dotter, 150 g Zucker,
1 P. Vanillezucker,
6 EL Milch,
Rum nach Geschmack,
300 g Mehl,
1 P. Backpulver,
Für den Belag:
Johannisbeer-(Ribisel-)Marmelade, 6 Eiklar,
200 g Zucker,
200-250 g Kokosflocken,
1 kg Rhabarber
Backtemperatur: 180 Grad
Backzeit: 45-50 Minuten

ZUBEREITUNG

Butter, Zucker, Vanillezucker und Dotter schaumig rühren. Milch, Rum und das mit Backpulver vermischte Mehl unterheben. Auf ein befettetes Blech geben und mit Johannisbeermarmelade bestreichen. Eiklar mit Zucker steif schlagen. Kokosflocken und den in kleine Stückchen geschnittenen Rhabarber unterheben und auf den Teig streichen.

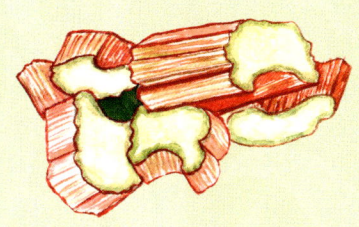

RHABARBER-TOPFEN-TORTE „CORDULA"

ZUTATEN

Für den Mürbeteig:
200 g glattes Mehl,
140 g kalte Butter,
70 g Puderzucker,
1 Dotter, etwas Salz,
600 g Rhabarber,
200 ml Orangensaft,
70 g Kristallzucker,

Für die Füllung:
500 g Topfen (Quark),
30 g Vanillepuddingpulver,
1 P. Vanillezucker,
100 g Staubzucker,
Schale undnSaft einer Zitrone, etwas Orangenschale, 5 Dotter,
1/4 Liter Schlagobers (Schlagsahne)

Backtemperatur: 180 Grad
Backzeit: ca. 90 Minuten;
Backrohr vorheizen

ZUBEREITUNG

Mehl mit Butter verbröseln, mit Zucker, einer Prise Salz und Dotter rasch zu einem glatten Teig verkneten. Den Teig mit einem kleinen Rand in eine Tortenform drücken und mehrmals einstechen. Den Teigboden goldgelb vorbacken. Nach einer Stunde mit Alufolie abdecken.

Für die Füllung Topfen mit Puddingpulver, Vanillezucker, Puderzucker, geriebener Orangen und Zitronenschale, Salz, Dotter und flüssiges Schlagobers verrühren. Rhabarber schälen und in 1 cm lange Stücke schneiden. Orangensaft, Zucker und die Rhabarberstücke kurz aufkochen und 5-8 Minuten ziehen lassen. Den Rhabarber herausheben und auf den Tortenboden legen. Die Topfencreme darüber streichen und die Torte fertig backen.

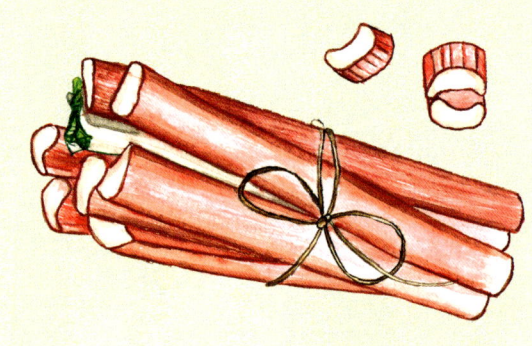

Sie werden diese Torte bestimmt noch einmal machen!

RHABARBERKUCHEN

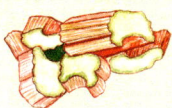

ZUTATEN

300 g Mehl,
1 TL Backpulver,
2 Dotter, 100 g Butter,
100 g Zucker, 1 TL Zimt,
etwas Milch
Für den Belag:
1000 g Rhabarber,
etwas Zucker
Für die Haube:
100 g Zucker, Zitronensaft,
2 Eiklar
Backtemperatur: 180 Grad
Backzeit: ca. 30 Minuten

ZUBEREITUNG

Mehl und Backpulver vermischen, mit Butter, Zucker, Zimt und Dotter verkneten. Eventuell etwas Milch zufügen. Den Teig kühl stellen.
Rhabarber andünsten und gut abtropfen lassen. Den Teig in eine befettete Springform geben,
Rhabarber darauf verteilen und den Kuchen backen.
Für die Schneehaube wird Eiweiß mit Zitronensaft steif geschlagen und der Zucker langsam eingerührt.
Die Haube wird auf den Kuchen gespritzt und noch 10 Minuten im Rohr überbacken.

Foto: Armin Reichelt/www.fotolia.com

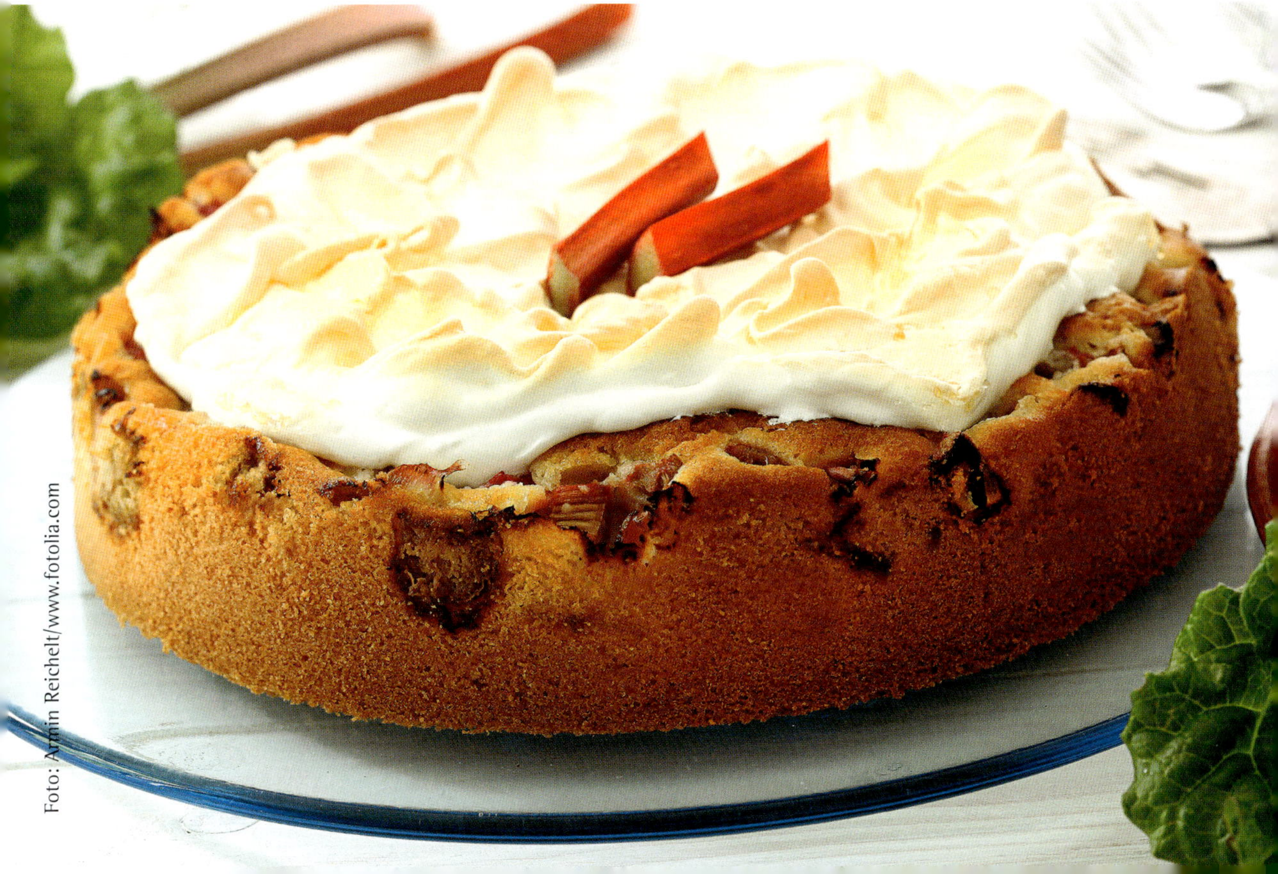

RHABARBER-HIMBEER-SORBET

ZUTATEN

800 g Rhabarber,
200 g Zucker,
1/4 l Wasser,
Saft von 2 Zitronen,
250 g Himbeeren,
1 EL Himbeergeist

ZUBEREITUNG

Rhabarber in Zucker und Wasser weich kochen, abkühlen lassen, Zitronensaft, Himbeergeist und einen Teil der Himbeeren hinzufügen, pürieren und passieren. In der Eismaschine gefrieren lassen und mit den restlichen Himbeeren garnieren.

RHABARBER-ERDBEER-KOMPOTT

ZUTATEN

200 g Rhabarber
2 EL Weißwein
1/8 l Wasser
ein kleines Stück Zimtrinde
5 Gewürznelken
50 g Zucker
200 g Erdbeeren

ZUBEREITUNG

Rhabarber waschen und schälen. In ca. 1 cm lange Stücke schneiden. Wasser, Wein und Zucker mit Zimtrinde und Gewürznelken aufkochen, den Rhabarber hineingeben und ca. 1 Minute köcheln lassen. Vom Herd nehmen. Wenn der Rhabarber ausgekühlt ist, die gewaschenen und geviertelten Erdbeeren unterheben.

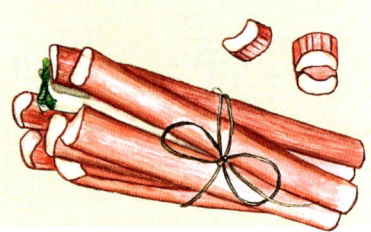

GEMÜSE

SPINAT-COGNACTORTE

ZUTATEN

Für den Biskuitteig:
5 Eier, 125 g Puderzucker,
100 g Mehl,
200 g passierten Spinat,
1/4 l Schlagobers
(Schlagsahne), 4 EL Cognac
Glasur: 1/8 l Schlagobers
(Schlagsahne),
100 g Schokolade
Backtemperatur: 180 Grad
Backzeit: ca. 20 Minuten

ZUBEREITUNG

Eier mit Puderzucker schaumig schlagen, anschließend das Mehl und den ausgedrückten Spinat unterheben und backen. Die Torte auskühlen lassen und mit Cognac beträufeln. Das Obers steif schlagen und gleichmäßig auf der Torte verteilen; mit einem Messer glatt verstreichen. Anschließend für die Glasur das Schlagobers mit der Schokolade kurz aufkochen lassen und lippenwarm über die Torte gießen. (Kühl stellen!)

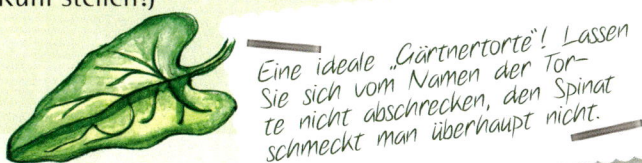

Eine ideale „Gärtnertorte"! Lassen Sie sich vom Namen der Torte nicht abschrecken, den Spinat schmeckt man überhaupt nicht.

Schmecken wirklich ausgezeichnet!

ZUCCHINI-SCHNITTEN „GEORG"

ZUTATEN

250 g Butter,
250 g Puderzucker,
1 P. Vanillezucker, 5 Dotter,,5 Eiklar, 250 g Mehl,
120 g geriebene Nüsse,
100 g geriebene Schokolade, 1 P. Backpulver,
250 g geriebene Zucchini
Backtemperatur: 160 Grad
Backzeit: ca. 30 Minuten

ZUBEREITUNG

Butter mit dem Zucker, Vanillezucker und den Dottern schaumig schlagen. Das Mehl mit den Nüssen, der Schokolade und dem Backpulver vermengen und zum Abtrieb mischen. Den aus dem Eiklar geschlagenen Schnee unterheben. Die Zucchini vorsichtig unterheben. Die Masse auf ein Blech streichen und backen. Eventuell mit einer Schokoladenglasur überziehen.

BEFGRIFFSERKLÄRUNGEN

ZUM DEUTSCHEN UND ÖSTERREICHISCHEN SPRACHGEBRAUCH

In den „Köstlichen Geheimnissen aus dem Garten für intelligente Faule" wird versucht, sowohl den spezifisch österreichischen, als auch den allgemeinen deutschen Sprachgebrauch zu berücksichtigen. Das Kriterium für die Verwendung der oft unterschiedlichen Ausdrücke des Kochens beziehungsweise der Zutaten war in erster Linie Verständlichkeit unter Beibehaltung des „Lokalkolorits" – beide Autorinnen sind Österreicherinnen und haben viele der Gerichte selbst benannt. Einige der Gerichte tragen daher österreichische Namen.

Es werden auch Zutaten genannt, die dem deutschen Leser vielleicht nicht auf den ersten Blick verständlich sind. Wir haben versucht, dabei einen Mittelweg zu beschreiten, um für keinen Leser der verschiedenen Sprachregionen befremdlich zu wirken. Wo augenfällige Unterschiede bestehen, sollen die Ergänzungen in Klammer eine Hilfe sein.

ABKÜRZUNGEN:

D Deutschland

EL Esslöffel

KL Kaffeelöffel

TL Teelöffel

Msp. Messerspitze

Pkg. Packung

cl Zentiliter

ml Milliliter

g Gramm

kg Kilogramm

Min. Minute

ÖSTERREICHISCHER SPRACHGEBRAUCH	DEUTSCHER SPRACHGEBRAUCH
Biskotten	Löffelbiskuits
Brösel	Paniermehl
Dampferl	Vorteig
Erdäpfel	Kartoffeln
Fisolen	Bohnen
Fleck	quadratisch geschnittenes Stück Teig
Germ	Hefe
Gervais	Frischkäse
G´machtl	Mehl verrührt mit saurer Sahne
Holler	Holunder
Karfiol	Blumenkohl
Karotten	Möhren
Knödel	Klöße
Kochschokolade	Backschokolade
Kraut	Kohl (Weißkohl)
Marillen	Aprikosen
Melanzani	Auberginen
Nockerl	Klößchen
Obers, Schlagobers	Sahne, Schlagsahne
Palatschinken	Pfannkuchen
Radeln	Räder, Scheiben
Ribiseln	Johannisbeeren
Röster	Kompott, Mus
Sackerl	kleine Beutel
Sauerrahm	Saure Sahne
Stamperl	Schnapsglas
Stanitzel	Waffeltüte
Staubzucker	Puderzucker
Teig rasten lassen	Teig ruhen lassen
Topfen	Quark
Weißwurz	Quecke

DER GARTEN FÜR INTELLIGENTE FAULE

Es war der berühmte deutsche Staudengärtner Karl Foerster, der die Idee hatte, einen „Garten für intelligente Faule" anzulegen – einen Garten nicht im Einheitsgrün, sondern einen, der einlädt zum Entdecken, Genießen und Erholen. Und trotzdem nicht viel Arbeit macht!

Es gibt einige Grundregeln, die bei der Neuanlage eines Gartens oder beim Umgestalten und der anschließenden Pflege zu beachten sind: Der Trend der letzten Jahre ist der „Naturgarten". Keine Wildnis, sondern ein Stück Grün, das Freude macht und dennoch eine Oase der Natur ist. Beispielsweise sollte in einem solchen Garten nicht jedem Unkraut „nachgelaufen" werden. Gräser in den Plattenfugen eines Weges sind nicht störend, sondern willkommen. Bei jedem Rasenmähen werden sie mit dem etwas höher eingestellten Mähmesser in Form gehalten.

„GARTENARBEIT SOLL SPASS MACHEN UND NICHT ZUR BELASTUNG WERDEN!"

Ob ein Garten ein „großes Stück" Arbeit wird, hängt davon ab, wie er in seinen Grundzügen angelegt wird. Beete, die Jahr für Jahr neu bepflanzt werden müssen, werden mehr Arbeit bedeuten als Beete, die beispielsweise mit Stauden bepflanzt werden. Der Tipp vom Biogärtner: „Gartenarbeit soll Spaß machen und nicht zur Belastung werden!"

Schaffen Sie mit Ihrem Garten nicht bloß gestaltete Flächen, sondern überlassen Sie – vor allem in größeren Gärten – auch einige Bereiche der Natur: Selbst in einem dicht verbauten Gebiet werden sich in einer solchen „Oase" Tiere und Pflanzen einfinden, die das Leben im Garten bereichern und zum Forschen einladen.

Wichtige Elemente in einem Garten sollten von Beginn an eingeplant werden, auch wenn sie erst später errichtet werden: Gartenlauben, Gewächshäuser, Sitzplätze und Spielflächen.

Besonders eindrucksvoll in der Gestaltung sind dominierende Bäume: Der „Hausbaum" hat deshalb seit einigen Jahren wieder eine Renaissance gefunden. „Der Baum schützt, umarmt und rahmt das Haus ein", meinen die Gartenarchitekten.

Und noch ein letzter Ratschlag: Gärten hatten ihre ursprüngliche Bedeutung in der Eigenversorgung mit frischem Gemüse und Obst. Planen Sie solche Bereiche ein, denn erst die Ernte ist der Lohn für die Arbeit eines Jahres.

SCHRITTWEISE ZUM GARTEN FÜR INTELLIGENTE FAULE

1. Beginnen Sie mit dem exakten Beobachten. Wie sind die Bodenverhältnisse auf Ihrem Grundstück, ist die Erde eher feucht oder trocken, gibt es viel oder wenig Sonne? Wo ist die Hauptwindrichtung?

2. Wählen Sie die Pflanzen aus: Unter den tausenden Gewächsen müssen Sie jene herausfinden, die zu den Boden- und Lichtverhältnissen passen. Geschulte Experten helfen Ihnen dabei. Einzige zusätzliche Bedingung sollte sein: Geben Sie Pflanzen den Vorzug, die Nützlingen Nahrung liefern.

3. Verwenden Sie von Beginn an Kompost als Dünger. Das versorgt die Pflanzen schonend mit Nährstoffen und führt gleichzeitig dazu, dass der Boden gelockert wird.

4. Die eigentliche Erleichterung erfolgt durch das Mulchen oder Bodenbedecken. Es geht ganz einfach. Rasenschnitt oder anderes organisches Material wird auf die Erde aufgestreut – in einer Schicht von 5 bis 10 Zentimetern. Damit wird die Erde vor dem Austrocknen geschützt, während gleichzeitig viel weniger Unkraut wächst. Als Mulchmaterial kann natürlich auch Rindenmulch verwendet werden. Dabei heißt es nur aufpassen, dass man diese zerkleinerte Rinde nur dort aufbringt, wo tief wurzelnde Pflanzen wachsen. Die Säure würde sonst die Wurzeln der Zierpflanzen schädigen.

5. Unbedingt beachten sollte der intelligente Gärtner die Mischkultur. Nur die bunte Vielfalt in einem Garten oder in einem Blumenbeet sorgt dafür, dass die Schädlinge kaum Chancen haben.

6. Dass der Boden ein kompliziert aufgebautes System ist, sollte jeder Gärtner beachten. Daher gehört das Umgraben der Vergangenheit an. Sobald der Boden mehrere Jahre lang mit Kompost versorgt worden ist, bleibt er locker und kann mit der Grabgabel gelockert werden. Dabei werden die Erdschichten nicht durcheinander geworfen, sondern es kommt nur Luft in die Erde: Grabgabel einstechen, am Griff nach vor und zurück rütteln und herausziehen. Wer dies in den Blumen- und Gemüsebeeten alle zehn Zentimeter macht, hat den Boden ausreichend gelockert.

7. Bekämpfen Sie Schädlinge nur mit nützlingsschonenden Spritzmitteln. Das ist nicht nur für Sie, sondern auch für die Umwelt besser und schafft in weiterer Folge einen „intelligenten" Garten, denn nach und nach werden Marienkäfer, Schwebfliegen und Florfliegen die Schädlingsbekämpfung übernehmen.

ZU DEN AUTORINNEN

Ulrike Ploberger, Frau des Bestsellerautors und Biogärtners Karl Ploberger, und ihre Freundin Cordula Hanisch sind begeisterte Hobbyköchinnen. Die Ernte aus dem eigenen Garten zu verwerten und dabei möglichst wenig Arbeit zu haben, war schon immer ihr Ziel. Beide Frauen studierten Wirtschaftspädagogik – möglicherweise der Schlüssel dazu, auch im Haushalt und vor allem beim Kochen wirtschaftlich vorzugehen.

IMPRESSUM:

avBUCH im Cadmos Verlag
Copyright ©2014 by Cadmos Verlag, Schwarzenbek
Titelgestaltung und Layout: www.ravenstein2.de
Umschlag & Satz: pinkhouse
Satz & Bildreproduktion: pinkhouse
Lektorat: Christine Weidenweber, www.verbene.eu
Coverfoto: Conny Scheck
Druck: Westermann Druck, Zwickau
Deutsche Nationalbibliothek – CIP-Einheitsaufnahme
Die Deutsche Nationalbibliothek verzeichnet diese Publikation in der Deutschen Nationalbibliografie;
detaillierte bibliografische Daten sind im Internet über http://dnb.ddb.de abrufbar.
Alle Rechte vorbehalten.
Abdruck oder Speicherung in elektronischen Medien nur nach vorheriger schriftlicher Genehmigung durch den Verlag.
Printed in Germany
ISBN 978-3-8404-7528-3

Buchtipps zum Ausprobieren und Genießen

DAS NEUE WALDKOCHBUCH

128 Seiten, gebunden
ISBN 978-3-8404-7015-8

Eva Maria Lipp/Ingrid Fröhwein
HAUSGEMACHT KANN ICH SELBER
144 Seiten, Klappenbroschur
ISBN 978-3-8404-7032-5

Georg Ferencsin
DAMPFGAREN
96 Seiten, gebunden
ISBN 978-3-7040-2401-5

Andrea Scholdan/Laurence Koblinger
SUPPITO
96 Seiten, Klappenbroschur
ISBN 978-3-7040-2302-5

avBuch im Cadmos Verlag
Möllner Straße 47
21493 Schwarzenbek

av BUCH

www.avbuch.at
www.cadmos.de

YAMM – MIR SCHMECKT DAS LEBEN
96 Seiten, Klappenbroschur
ISBN 978-3-8404-7031-8